U0954016

玩笑三国系列之一

三国其实是个娱乐圈

白马晋一 著

中国发展出版社
CHINA DEVELOPMENT PRESS

图书在版编目（CIP）数据

三国其实是个娱乐圈/白马晋一著．—北京：中国发展出版社，2013.1

ISBN 978-7-80234-872-1

Ⅰ.三…　Ⅱ.白…　Ⅲ.中国历史—三国时代—通俗读物　Ⅳ.K236.09

中国版本图书馆 CIP 数据核字（2012）第 294890 号

书　　名：三国其实是个娱乐圈
著作责任者：白马晋一
出 版 发 行：中国发展出版社
（北京市西城区百万庄大街 16 号 8 层　100037）
标 准 书 号：ISBN 978-7-80234-872-1
经　销　者：各地新华书店
印　刷　者：北京科信印刷有限公司
开　　本：700×1000mm　1/16
印　　张：17.25
字　　数：230 千字
版　　次：2013 年 1 月第 1 版
印　　次：2013 年 1 月第 1 次印刷
定　　价：32.80 元
咨 询 电 话：（010）68990642　68990692
购 书 热 线：（010）68990682　68990686
网　　址：http：//www.develpress.com.cn
电 子 邮 件：fazhanreader@163.com
fazhan02@drc.gov.cn

自序

给玩笑加点小正经

应该说，三国故事在中国有着比较广泛的群众基础。有群众基础，当然就有市场。因此，社会上研究三国的书籍可谓多如牛毛。将这些图书简单地进行划分，无外乎以下几类：一类是研究三国时代背景以及权谋文化的，这类书籍的作者往往是专家教授，以寻章摘句为长，虽说也不乏石破天惊的观点，但大多严谨有余活泼不足；一类是一些企业管理者或者曾从事这方面的人员，他们把三国故事和办公室文化或者人生哲学有机地结合起来，这样的思路是一种创新，不过，写的人多了也变成了老生常谈；除此之外，还有一些年轻的三国爱好者，会在论坛贴吧等网络社区零星地发一些文章，这些文章文意新颖，构思较为巧妙，但思想性较为薄弱，而且较难成为系统。

于是，我就有了一个想法，把自己所了解的三国写了下来。至于我的玩笑三国系列，究竟算哪一类，这还不太好说。这是仁者见仁智者见智的问题。我的写作原则是，既立足文章立意新颖，又要做到有据可考，绝非一厢情愿的天马行空。对于玩笑三国系列的读者定位，我自认为主要是针对有思想性的青年群体，一是因为这些人活跃度较高，应该是文化市场的主流，二是同这些人在思想上比较容易沟通，可以形成共鸣。我的文章大多短、平、快，有点接近快餐文学类型，但又做到了与众不同。

《三国其实是个娱乐圈》是玩笑三国系列的第一部，本书被大致归纳成

“八一八大腕的私房事”、“三国圈子的那些潜规则”、“三国还可以再情色一点”等八个板块。其中，“八一八大腕的私房事”主要是讲三国里那些大腕的一些奇闻轶事，用比较活泼的文风把三国人物的相关事件同一个读者比较熟悉的当代流行词做个交集，例如“愤怒的小鸟”、“刘备是个大忽悠”、“诸葛亮孙权也爱围观八卦事件”等。而在“三国圈子的那些潜规则”板块里，我们会发觉三国时代的人际交往，和当今社会的某些方面其实是一样的，吃饭喝酒里面都大有学问，即便像诸葛亮这样有能力的人，也必须时不时拍一拍马屁，才能在这个圈子里混得开。

当然，情色也是当今社会的一个“主旋律”，合理地引导读者用下半身思考，也许也能带来意想不到的效果。不过，情色并不代表低俗。“三国还可以再情色一点”这个版块，里面没有赤裸裸的色情语言，只是在只言片语间给人适当的暗示。譬如艳照门、天上人间，这类词汇为何能在当今社会流行，应该是值得冷思考的。

此外，在“三国很会玩综艺”这个版块，里面大多是一些无厘头式的作品。伪娘、毒舌帮、凤姐、犀利哥等词汇，在娱乐至死的时代出现，肯定是有适宜土壤的。尽管这样的流行文化，似乎难登大雅之堂，但在“压力山大”的工作生活之余，我们如若在三国时代亲切地发现了诸如此类娱乐符号，也是会忍俊不禁的。其他的，像“三国不只是一出男人戏”、“没有最雷，只有更雷的三国边角料”等板块也有各自的叙事重点，这里也就不一一累述。

当然，由于本人才疏学浅，玩笑之余，强装正经，心中难免局促。玩笑三国系列本是居家小菜，纯属自娱，文章的严谨性或有待考究，如今却要白纸黑字在大庭广众之下“曝晒”，自感腆颜不安，汗如雨下。最后，衷心感谢中国发展出版社的编辑同志对本书的大力支持，正是由于他们敬业地沟通、指正，才有了《三国其实是个娱乐圈》的最终问世。

目录

第1章 八一八三国大腕的私房事

人生就是一个舞台，曲终人散，谁还留在历史的过往？当岁月的微光照进三国大腕们的私房，我们不禁发现，原来，反腐斗士曹操当年也是愤怒的小鸟，皇叔刘备其实是个大忽悠，而弱冠少年孙权同志，则早已经蹲在厕所里“奋发图强”，悄无声息地办了件大事。

第2章 三国圈子的那些潜规则

当关羽还在纠结自己的江湖艺名，当小乔还在苦恼自己的家中名分，我们的孙权，早在酒桌上拿起杯子，遥望饭局里的刘备，觥筹交错中惊奇地发觉，原来孔明的马屁功夫，竟是如此了得。当然，无论是谁，也休想在曹操面前耍大牌。

第3章　三国还可以再情色一点

当曹操还在因为寡妇们的几张艳照，窝在家里遭遇老婆冷暴力的时候，有三个痴情男人已经各自演绎了惊天地、泣鬼神的旷世之恋。当三国英雄们乐此不疲地竞相宽衣解带，投入情色的怀抱，终有一人，搬张小板凳，淡定地坐在一旁冷眼旁观。此人正是赵云。

第4章 三国很会玩综艺

当三国盛行伪娘之风，当三国盛产毒舌评委，当三国盛开疯狂粉丝，这还是三国吗，亲？当然，这一切并不重要，因为我们的曹操、刘备同志，早已为三国时代最佳导演和影帝的名号，忙得不亦乐乎。娱乐当道，谁还打仗？

第5章 没有最雷，只有更雷的三国边角料

有家暴，有八卦，还有吃人。有美男，有偷窥，怎就没有高富帅？当然，行走在三国边角，我们还会发现，笨笨的阿斗原来很有爱，万能的丞相还会做汉堡，至于皇叔，也许受虐才是一种人生境界。

第6章 求关注的三国配角、龙套们

三国其实是本百家姓，不姓刘，不姓曹，不姓孙，也不姓诸葛关张。砸掉英雄们的聚光灯，我们的酷哥宅女、情趣达人、江湖草根、人气配角们，不分贵贱地抱团呐喊：“其实，跑龙套的野百合也有春天。”

第7章　三国不只是一出男人戏

三十男人一朵花，三十女人豆腐渣；三国男人一枝花，三国女人豆腐花。三国女人，究竟是干瘪豆腐渣，还是丝滑豆腐花？不管你是艳福匪浅，还是霸气外漏；不管是气质淑女，还是坐台小姐，恐怕还得看男人脸色。

第8章 三国娱乐大盘点

在三国时代，人的活法可以很多。你可以做一下神童，玩一通刺客，装一个草包，抑或领教一把女人们的不同风情。当然，活在三国也许并不算本事，死才是一门终极艺术。

第1章

八一八三国大腕的私房事

人生就是一个舞台，曲终人散，谁还留在历史的过往？当岁月的微光照进三国大腕们的私房，我们不禁发现，原来，反腐斗士曹操当年也是愤怒的小鸟，皇叔刘备其实是个大忽悠，而弱冠少年孙权同志，则早已经蹲在厕所里『奋发图强』，悄无声息地办了件大事。

愤怒的小鸟

不知是不是因为相貌上的自卑，曹操年轻时颇为叛逆顽劣。《三国志》裴松之注引《曹瞒传》记载曹操年少时“好飞鹰走狗，游荡无度”，按现在话讲就是愤青。一般来说，成大事者都比较早熟，我们曹操的青春期自然也比寻常人来的更早一些。就像郑智化的歌曲《年轻时代》唱的那样“衬衫的纽扣，要故意松开几个，露一点胸膛才叫男子汉……”

在这里，我们用两件事情来还原一下曹操当时的生活状态：

第一件事《三国志·武帝纪》有记载，讲的是曹操的叔父担心曹操将来不成才，便将曹操纵情游玩的情况告诉了曹操的老爸曹嵩，要求严加管教曹操。在被老爸严厉地训斥了一顿之后，曹操并没有“浪子回头”的意思。相反，他怪叔叔有点多管闲事，于是便想出了一个鬼点子来对付叔叔。有一天，曹操的叔父来看曹操，曹操假装中风。曹操的叔父就告诉曹嵩，曹嵩回来看曹操，曹操就恢复原状，并说叔父因为不喜欢我，才说我中风的。以后，曹嵩就不听信曹操叔父的话了。

第二件事讲的是曹操年轻时和袁绍玩得很铁，而且专干一些不靠谱的事，一时间朋党比周，横行街衢。有一次，一家人家结婚，曹操和袁绍去看热闹，居然动念要偷人家的新娘。他俩先是躲在人家的园子里，等到天黑透了，突然放声大叫：有贼！参加婚礼的人纷纷从屋里跑出来，曹操则趁乱钻进洞房，用刀挟持，抢走新娘。但很快被人发现，追了上来，两人丢下新娘，仓皇逃窜。二人慌不择路，冲到一个荆棘丛中。曹操身手敏捷，一跃而过。袁绍是个小胖墩儿，一跃过不去，二跃还是过不去。后面捉贼的呐喊声越来越近，袁绍慌了，低头就朝荆棘丛的缝隙里钻，结果，衣服被挂住了，袁绍不敢动弹了。眼看追赶的人就追到眼前了，曹操急中生智，指着袁绍大喊："偷新娘子的贼在这里！"袁绍一听就慌了，拼了命朝前冲，终于逃了出去。这件事情在《世说新语》就有记载。

当然，这样子的小打小闹对于曹操来说是很不过瘾的。后来董卓乱政，曹操一展拳脚的机会终于来了。《三国演义》有这样一段描述：董卓进京后飞扬跋扈，完全不把天子放在眼里，于是一班耍笔杆子的文臣有事没事就会聚在王允的"私人会所"里悲哭一把。恰巧有次曹操刚好在那里"喝茶"，见此情形，心中暗自嘀咕："你们这些蠢蛋，哭能哭死董卓吗？"后来他实在忍不住了，于是拍案而起道："操虽不才，愿即断董卓头悬之都门，以谢天下。"其实当时曹操也没有什么好主意，无非是想用一些下三路的方法刺杀董卓，这就是后来著名的孟德献刀。当然，这件事情太出名了，出名的让很多人都认为是真的。其实，历史上曹操并没有刺杀过董卓。而是董卓看重曹操的才干，想要"收编"他来为自己服务。曹操不想为虎作伥，所以改了名字逃走了。

虽然说孟德献刀是子虚乌有的，但有两件事情还是证据确凿的。一是曹操的卷宗上确实有过刺杀记录，二是流亡的曹操还真是跟董卓干上了。我们先来谈一下第一件事情。当时曹操的老爸曹嵩正在京城洛阳做官，有一次曹操去洛阳，竟然闯进了寝殿侍奉长官张让的卧室试图行刺。这个张让，是当时把朝政搞得乌烟瘴气的十常侍之一，皇帝身边的红人。此人专权用事，残害忠良，在社会上的口碑极差。看见佞臣当道，愤青曹操肾上腺一时贲张，决定去刺杀张让。当时的情况很有意思，张让正在床上闭目养神，忽然发现闯进生人，立即大叫，叫人捉拿。刹那间，卫士们紧闭大门，持剑荷枪，蜂拥而至。可曹操一点也不慌张，他拿着一支手戟，从卧室打到厅堂，从厅堂杀到院墙，卫士们没有一个敢近前，最后，眼睁睁看着他翻墙而去。至于一向跋扈的张让为何没有秋后算账？我想原因可能有两个，一是念曹操年少初犯，属于“激情杀人”未遂；二是曹操的干爷爷曹腾和自己是一个系统的人（都是太监），不太好意思把事情搞得太僵。

第二件事是十八路诸侯讨董卓的时候，华雄被杀，董卓火烧洛阳迁都长安。看见形势一片大好，曹操建议其他各路诸侯追击穷寇。可是这些诸侯们个个心怀鬼胎，都想保存实力坐享胜利的果实，没人挺身而出。见此情形，曹操大怒道:“竖子不足与谋!”遂带领本部万余精兵追赶董卓。但是，曹操太高估了自己军队的作战能力，经董卓这只瘦死的骆驼反戈一击，曹操全军覆没，手下一万多人只剩下了可怜的五百多人。关键时候，要不是族弟曹洪拼死替他挡了几刀（“天下可无洪，不可无公”，曹洪语），曹操这只愤怒的小鸟还真要成了猎人枪口下的目标。

当然，事物往往具有两面性,“胆汁型”的性格给曹操带来风险的同时也带来了机遇。最后，曹操正是凭借爱拼才会赢的精神终成千秋大业。

曹操还是反腐斗士

有句话说得好:"有人的地方就有江湖。"套用此话的格式我们也可以这样讲:"有人的地方就有腐败。"不论是经济高度发达的美国，还是经济相对落后的尼日利亚，同样都不乏贪污腐败，当然，在距今两千年的烽火三国时代，也有不少"腐败分子"，接下来我们就来闲谈一下，三国时代的英明领导人曹操、刘备是如何"反腐倡廉"的。

应该说，三国这个时代承接了东汉末年。那时候的大汉王朝，统治了中华大地有近四百年，早已经"病入膏肓"，外戚宦官轮流"坐庄"，卖官鬻爵此起彼伏。"官二代"曹操就在这个时代背景下登场了。因为有老爹曹嵩这个后台，曹操开始做官的起点不算太低，担任负责京城洛阳北城区治安的北部尉。当时洛阳治安已经很乱，就实行了宵禁，按现在话说就是晚上禁止一切户外"娱乐活动"。曹操为了根治治安问题，还制作了一批"五色棒"，分别悬放在署衙和北部的四个城门上，以示警示。可有人就是不信这个邪，比如蹇硕的叔父就是其中一位。"腐败分子"蹇硕是灵帝极为宠幸的一位太监。其叔父仗着自己侄子的地位，专横跋扈狐假虎威不说，还犯了宵禁。曹操秉着"不管牵涉到什么人，职位有多高，权力有多大，一律追查到底”的执法理念，顶住各种压力，硬是把这位“大爷”给活活打死。至此，“京师敛迹，莫敢犯者”。后来曹操外调济南相，当地依附贵戚、贪赃枉法的大小官吏，听说曹操前来，害怕受到惩罚，全部逃入其他郡县。

像蹇硕叔父这样，被曹操以“反腐”名义收拾了性命的还大有人在，例如汉中割据势力张鲁的谋士杨松。当年，曹操率军征讨汉中，因对易守难攻的阳平关无必胜把握，就派人贿赂杨松，使他陷害张鲁手下大将庞德，使庞德被迫投降曹操。在曹操攻打汉中城时，杨松为贪财而协助曹军，令曹军得以制压汉中。他怂恿张鲁出战，结果张鲁战败，而杨松因为收受了曹操的贿赂而闭门，不使张鲁进城。曹操攻取汉中后，张鲁和其部下由于“认错态度”较好，均得到曹操的厚待，唯独杨松因“贪污受贿”被斩于街头。

当然，曹操不仅大刀阔斧地拿“腐败分子”开刀，他的“廉政宣传”工作也做得相当到位。曹操诗歌《度关山》中就有提到，“侈恶之大，俭为共德”。他亲身践行其廉政主张，生活朴素。《三国志》记载曹操“雅性节俭，不好华丽”。在曹府，后宫之人不穿华丽的衣服，他本人使用的帷帐屏风和穿的衣服也是“缝缝补补又三年”。曹操还严格要求家人生活必须简朴，甚至他的女儿出嫁，嫁妆“皆以皂（黑色）帐，从婢不过十人”，这和如今某些富豪嫁女宝马车列队开道形成相当鲜明的对比。而如果有家人违反禁令，曹操一律严惩不贷。有一次，他的儿媳妇，曹植的妻子违令穿了一件锦绣衣服，被曹操看见了，竟令其自杀。

曹操还将简朴做法推行全国，将节俭作为官吏选拔的一个标准。他的同乡好友丁斐，因私自调换官牛被曹操撤销职务；路粹因违禁低价买驴，也被他处以死刑……一时间，公务员们不穿新衣，不坐好车，有效地刹住了东汉后期以来奢靡攀比的腐败风气，在一定程度上提高了国家的行政效率。

奸雄的“打黑老师”

为何曹操初出茅庐就有如此铁腕的工作作风呢？在这里，恐怕不得不提一个人，此人的名字叫做王吉。曹操未入仕之前，生活范围一直在沛国谯县一带，当时沛国的掌权者，就是王吉。

《三国志》记载，少年曹操曾在此地犯事，后夏侯渊顶罪才得以脱身。一个十几岁的孩子能犯什么大罪？估计也就是搞一些恶作剧（比如偷看女孩子洗澡、拿两块砖头砸人家窗户之类的）。不过，这些行为在王吉眼里，其性质可是要贴上黑社会标签的。一旦涉了黑，我们这位王吉同志的执法力度，那可是毫不手软的。

当然，我们还是有必要先来了解一下王吉的个人履历。这位王吉本来是个书生，一心想当大官。不过，当时的官员编制基本都让皇帝拿去换酒钱了，因此，王吉一直怀才不遇。后来经人提点，茅塞顿开，就带点礼品，敲响了大宦官王甫家的大门。一进门，王吉跪地便磕，直呼义父。天上掉下个干儿子，王甫倒也乐观其成，乐呵呵地笑纳了（宦官一向有认干儿子的癖好，比如明朝的魏忠贤）。有了这层关系，王吉的仕途立马发生了改变，直接“空降”沛国，成为一名“副部级”的地方大员。

靠着太监上位毕竟不是什么光彩事，特别是对于这位自视甚高的读书人来说。因此，走马上任的王吉，一心寻思要搞点“大动作”。有着干爹王甫在背后撑腰，王吉很快在辖区内力排众议，掀起一股“打黑风暴”（“能断察疑狱，发起奸伏，多出众议”《后汉书》）。眼见平时横行欺市的“地头蛇”一个接着一个的垮台，老百姓无不拍手称快。一时间，王吉成了打黑英雄，市井间更是自发地传唱“王吉之歌”。

不过，老百姓的幸福感并没有持续太久。我们这位打黑英雄，见自己新官上任的第一把火烧得如此漂亮，顿时飘飘然起来，俨然把自己当成了人民的救世主，于是，一个更为大胆的想法在他的脑海里浮现:“全民整风运动”。

其实这个想法在当时是很有创意的，汉末朝纲败坏，人心涣散，盗贼并起，世风日下，来个“整风运动”唱唱“红歌”提高一下人民的觉悟未尝不是一件好事，可惜，王吉的做法却着实让人不禁骇然：对于辖区内各宗大小案件，王吉同志都在朝廷的律条之外做出新的司法解释，给各类犯罪分子以超乎寻常的严厉打击。比如，但凡铺张浪费者，即使是数十年前的老账，也要收监入狱（“常有微过酒肉为臧者，虽数十年犹加贬弃”），不孝顺父母或父母遗弃孩子者，一经查实，全部活埋（“若有生子不养，即斩其父母，合土棘埋之”）。总之一句话，犯罪不分大小，不分男女老幼，只要犯了事，一律重判。

“打黑”成了“黑打”，王吉的“高调整风”自然招来了非议（“郡中惴恐，莫敢自保”）。不过，对于辖区百姓而言，这只是一个开始。王吉同志为了展示自己的打黑成果，隔三差五总会大张旗鼓地拉上几个被折磨得不成人样的犯人游街示众。倘若犯人不够坚强，一命呜呼了，王吉就会令人分尸，然后把大卸八块的尸体放在车上，摆在市中心友情展览。如若到了夏天，天气炎热，尸体腐烂了，他就让手下人剔出骨头，串接起来，挂在衙门的横梁上。据不完全统计，在王吉执政的五年间，前后杀了一万多人

(“视事五年，凡杀万余人”)，而当时辖区总人口也不过二十五万。

由此看来，初入政坛的曹操高调打黑，成为官场新星，这跟王吉的“言传身教”脱不开关系。曹操后来执政的作为，也依然有着王吉的影子(如诛杀名士、徐州屠城等)。不过，作为“启蒙老师”的王吉同志，人生境遇可远没有曹操幸运，其一味野蛮地黑打，引起了底层百姓和上级领导的不满，随着靠山王甫的倒台，最终成了被人唾弃的阶下囚。

大牌的“医闹”

近些年来，中国的“医患关系”是比较紧张的。令人费解的是，医生和患者之间原本应有的温情脉脉为何屡次转为兵戈相向，相濡以沫的愿景为何总是演变成相“恨”于江湖的尴尬。其实，放眼整出中国历史，我们也许就平静地释怀下来：原来中国历代的“医患关系”，一直如此。

譬如，战国时期有位叫扁鹊的名医，就曾遭遇类似事件。某日，扁鹊按惯例到蔡桓公处出诊，体检时查出点异端，于是说道:“君侯，您气色不佳，恐怕有疾病在身啊。”蔡桓公不悦，道:“我每年按时供你体检费，难道不是想听些好话吗？你们这些医生啊，不要整天钻到钱袋子里啦（‘医之好治不病以为功!’《韩非子》)。”如此三番，扁鹊看出蔡桓公有当“医闹”的潜质，于是回家悄悄准备了后路。果不其然，后来蔡桓公病发，派人到扁鹊家闹事，好在我们的神医同志早已打理好行装，逃到秦国了（“桓侯体痛，使人索扁鹊，已逃秦矣”)。

在此出事件中，蔡桓公固然是不对的。不过，这位倒霉的“医闹”倒也道出了两千年后的今日依然存在的某种现实:“医之好治不病以为功”。行医的，总有不少人寻思着靠着本事捞点油水，而至于救死扶伤，也许只是为了生活吧。尽管此番说法有些偏颇，但却也一直如是。比如，三国的魏明帝曹睿就也遇到了一位这样的医生。

《三国志》是这样记载的：寿春县有个叫“登女”的赤脚医生，有点本事，在当地小有名气。不过这位江湖医生，却不想一生仅是行走于江湖，做个医人甲。于是她买通几个“水军”，四处大肆宣传，称其乃天神下凡（“言为天神所下”）。不久，曹睿就听说了她的大名，并将其特招入宫。

京城遍地是黄金，借着皇上的口谕，加之登妇女同志确有些本事，一时间登门求医的人络绎不绝。曹睿见自己的人才引进政策得到了好评，很是高兴，于是专门在政府财政预算里拨出专项基金，在皇宫最好的地段开了一个专家门诊（“于是立馆后宫，下诏称扬”）。登女见事业走上了正轨，心里寻思，门诊费是挣不了大钱的，于是寻了个门路，代理了一种高价药水，当起了“医药代表”，宣称但凡生个痔疮长个粉刺的，一抹此药水准管用（“饮人以水，及以洗疮，或多愈者”）。

可就在登女在京城混得风生水起的时候，我们那位纵欲过度的曹睿终于体力不支，倒在了人生的大床上（看来，曹睿遗传了曹操的好色基因）。风烛残年的曹睿同志（其实才三十好几），忽然想起了自己引进的这位医界人才，于是派人召其入宫。

登女一个把脉，料知皇帝早已病入膏肓，但无奈自己起初的身段太高，不愿跌下神医圣坛，加之也想投机一把，兴许能挣个衣钵满盆，于是自信满满地说道:“陛下，您喝了我这碗神水，定能药到病除。”遗憾的是,“神水”治痔疮或许还有功效，但要起死回生，恐也回天乏术。曹睿见燃起的希望，又这般被无情地浇灭了，心中大忿，大手一挥，我们可怜的医士立马人头落地（“及帝疾，饮水无验，于是杀焉”）。

如若说曹睿怒斩医士，还有几分情理可原，毕竟登女蝇营狗苟在先。可他的爷爷曹操，那就丝毫没有道理可言了。

史书记载，曹操长期患有头痛的慢性病，就是头痛起来很要命那种。

当时最好的医生，要数华佗了。于是，曹操高薪请到了华佗。华佗的专业水准，即使放在整个中国历史上，也应该算是翘楚。了解了曹操的症状后，华佗采用了针灸保守治疗（“佗针鬲，随手而差。”《三国志》），几针扎下去，曹操顿时耳聪目明，世界一片敞亮，心中大喜，重赏了华佗。于是，华佗就势就当了曹操的私家医生（“使佗专视”）。

不过，华佗与曹操的蜜月并没有维持太久。因为曹操病在脑内，针灸治疗只能是止疼，起不了根治的作用。曹操于是喊来了华佗，询问如何是好。华佗坦白道：“大王，您的病在短期内很难彻底治好，即使长期治疗，也只能苟延岁月（‘此近难济，恒事攻治，可延岁月’）。”曹操一听，不觉搬出蔡桓公那套“医之好治不病以为功”的理论，心中愤愤道，华佗这家伙，本能治好此病，却放着慢慢治，想借此抬高自己的身价（“佗能愈此。小人养吾病，欲以自重”）。

曹操本就是多疑的人，越是寻思，越是生气，于是再次喊来华佗，压声问道：“先生你看，如要根治，可有他法？”华佗是个明白人，隐约觉察到这位位高权重的病人对自己的不满，于是答道：“办法倒也有，不过得做手术，先饮麻沸散，麻痹脑部，然后用利斧砍开脑袋，取出风涎，这样才可能去掉病根。”（这个说法，源于《三国演义》，这里我们不做考究，姑且认为是这样的）曹操一听，暴跳如雷，认为华佗存心为难自己，坚决不肯在手术同意书上签字。华佗见此情形，不发一语，次日递上了一份辞职信，收拾行装回了老家。

医生怎能如此没有职业操守，无视患者的安危自行离去？被放了鸽子的曹操心里自然强烈不满，于是派几名“会办事”的手下充当“医闹”，拉个横幅冲到了华佗老家，就是一顿打砸抢拆。如此几番，曹操仍不解气，恰巧头风又犯，心中无处发泄，于是干脆自己出马担当“医闹”头子，三拳两脚之下，华佗这位大牌的医师，在更大牌的“医闹”曹操面前，终于一命呜呼。

由此可见，无论是扁鹊、华佗这般悬壶济世的德高名医，还是诸如登女那般钻营取巧的江湖游医，在中国历史上都是鲜有幸福感的，即便一时见宠，但只要在职业生涯上有所闪失，就难逃被通缉、入狱甚至人头落地的命运。患者难，医者亦难，看来自古一向如此。

三国最爱哭的男人居然是曹操

在中国传统文化里，哭鼻子应该算是女孩子的专利。曹雪芹老先生早就说了,“女人是水做的”，像林黛玉那样整日泪眼婆娑的，也许才是良家闺秀的典型代表吧。至于成天在泥巴堆里摸爬滚打的男人，似乎总被看做是眼泪的绝缘体。不过，随着社会的进步，老祖宗教给我们的文化正悄然发生着变化，从“男儿有泪不轻弹”到“男人哭吧不是罪”，扭捏作态的伪娘文化开始在“男人帮”里蔓延开了。也许，哭哭更健康吧，对于当代男性而言。

其实，早在富有神奇时代感的三国时期，男人掉泪也不是一件很丢人的事情。刀光剑影中，有时候适当地掉几滴眼泪甚至可以为自己的人生带来转折，让自己从此荣华富贵、平步青云。我们下面要说的孟宗就是其中一位。

孟宗，三国时江夏人，从小就没了父亲，按现在话讲就是成长于单亲家庭。后来，他的母亲年老病重，医生嘱用鲜竹笋做汤。适值严冬，没有鲜笋（当时也没有便利超市什么的），孟宗无计可施，独自一人跑到竹林里，扶竹哭泣。少顷，他忽然听到地裂声，只见地上长出数茎嫩笋。孟宗大喜，采回做汤，母亲喝了后果然病愈。

虽然说，孟宗的哭颇有一定魔幻戏剧色彩。不过，孟宗这么一哭，不仅解决了温饱问题，后来还凭此被朝廷征召，“免试”成为一名“国家公务员”。当然，如果说孟宗的哭给自己的人生事业带来了机会，那么，我们的刘皇叔的眼泪更是给他带来了大把江山。《三国演义》里，白纸黑字描写刘备的哭不下数十次。几乎皇叔的每次出场，都要在脸上画上两道清泪。不过，把刘备同志打造的有如此女人味的只是罗贯中一人，这位刘备的忠实粉丝为了刻画刘备的宅心仁厚，未免着墨过多。其实如果翻阅更为客观的史书《三国志》，我们会惊奇地发现，原来，事情跟我们了解的并不完全一样。

在通篇《三国志》里，有记载的刘备的哭只有寥寥六次，其中有三次分别给了自己的得力谋士田豫、庞统、法正的离去，一次是赐死干儿子刘封，一次是惜别老朋友刘表。还有一次，也是最值得一提的一次痛哭是，刘备在荆州刘表帐下喝酒，忽然看见自己引以为豪的六块腹肌居然变成了一坨肥肉，顿感蹉跎多年寸功未立，不觉伤感落泪（“尝于表坐起至厕，见髀里肉生，慨然流涕”）。可以看出，刘备虽然爱哭，但远未如我们想象的那般好哭，至少，他算是一个感情丰富的硬汉。

也许，是出于悲伤是可以感染的缘故，曾经和刘备一起青梅煮酒的曹操居然也迷恋上了哭泣这门“艺术”。而且，曹丞相的哭功，丝毫不亚于刘皇叔。根据《三国志》的信息，曹操这辈子有文字记载的哭居然有十五次之多，其中不乏呜咽、抽泣、恸哭、号啕大哭等多种“艺术表现方式”。当然，由于曹操一生落泪的次数之多已如黄河泛滥滔滔不绝，我们也就不一一列举了，只是从其中择取一二，管中窥豹来看个大概。

其中有这么一次，是曹操在创业初期，要远征陶谦。这对当时羽翼未丰的曹操而言，可是一场硬仗，胜败未定生死难料。“太祖之征陶谦，敕家曰：‘我若不还，往依孟卓（张邈字）。’后还见邈，垂泣相对。”拉着老朋友张邈的手安排后事，那时那景，还颇有“风萧萧兮易水寒，壮士一去兮不复返”的悲壮。还有一次，是在临终之前，曹操拉上老婆小妾儿子一干人等搞了一个人生追思会。“持姬女而指季豹以示四子曰：‘以累汝。’因泣下。”他要求亲人们要一如既往地和睦相处相亲相爱。由此看来，戎马一生的曹操还是个蛮有家庭责任感的男人。

不过，曹操像如此真情流露的哭并不多见，更多的时候，还是有假哭的成分在里头的。例如有这么一次，曹操行军经过淯水，“临淯水，祠亡将士，欷歔流涕”。祭拜烈士亡魂，兵士为之感怀，曹操这一哭可谓给自己拉了不少“选票”，亲民好领导的形象一下子在军中传开了。如果说曹操祠亡将士有一定作秀的成分的话，那么曹操祭拜老对手袁绍的那次可就是赤裸裸地猫哭耗子假慈悲了。“邺定，公临祀（袁）绍墓，哭之流涕”，自己把别人打得家破人亡，连对手儿媳妇也被自己的宝贝儿子被霸占了（曹丕强娶袁绍之子袁熙之妻甄宓），还要在别人的墓前惺惺作态一番。我们不禁感叹，奸雄曹操落泪，不能单纯地认为他是在哭，也许，在某些时候，他只是披着眼泪的“马甲”在笑。

当然，曹操打了胜仗，可以像奚落袁绍那般“笑中带泪”，不过，人不可能一辈子都是鸿运当头的。不久，曹操经历了人生最大的一次惨败——赤壁之殇。赤壁战败后，在逃亡的路上，曹操表演了人生中最惨烈的一场哭戏。“操忽仰天大恸。众谋士曰：‘丞相于虎窟中逃难之时，全无惧怯；今到城中，人已得食，马已得料，正须整顿军马复仇，何反痛哭?’操曰：‘吾哭奉孝（郭嘉）耳！若奉孝在，决不使吾有此大失也!’遂捶胸大哭曰：‘哀哉，奉孝！痛哉，奉孝！惜哉！奉孝！’众谋士皆默然自惭。”曹操这一哭可谓意味深长，既很好地掩饰了自己的战略失误，又委婉地表达了自己对手下的不满，真可谓哭出了水平。

看来，江山的确是哭出来的，谁哭的多，谁最后的地盘就来的大。不知一心梦想光复汉室的刘皇叔是否正在九泉之下暗暗懊恼：“早知如此，当年就该使劲地哭上几把，真是便宜了那个曹操。”

刘备是个大忽悠

早在赵本山的小品《卖拐》走红开始,“忽悠”就成为口头语很快在中国民间流行开来。赵本山也因此赚得衣钵满盆，近年来更是自己掏腰包买了架私人飞机，可谓风光无限。不过，要论“忽悠”功夫，我们的“刘老根”比起三国时期的“刘皇叔”来，那就是“萤火比皓月”，道行还差得远。

我们先来大致了解一下什么叫做“忽悠”。“忽悠”的本质就是“用比较温和的手段坑、蒙、拐、骗，从而达到自己不可告人的目的”。而我们的刘备，正是充分领悟了其中的内涵，从一个卖草鞋的流动小贩生生地“忽悠”出了一片江山。现在，我们就来回顾一下刘备“坑、蒙、拐、骗”的“艺术人生”。

首先，我们来谈谈刘备究竟“坑”了哪些人。吕布应该算一个，袁绍也能算一个。当年吕布在白门楼被曹操所获,“布叫曰：‘明公所患，不过于布；布今已服矣。公为大将，布副之，天下不难定也。’操回顾玄德曰：‘何如?’玄德答曰：‘公不见丁建阳、董卓之事乎?’布目视玄德曰：‘是儿最无信者!’操令牵下楼缢之。布回顾玄德曰：‘大耳儿！不记辕门射戟时耶?’”也许，吕布至死都想不明白当初在徐州可是“一起扛过枪”称兄道弟的“哥们”刘备，为何翻脸比翻书还快。

比起吕布这个“冤大头”，袁绍被“坑”的可谓更具有“艺术性”。当初，刘备被曹操所败，没地方去，就只好厚着脸皮到袁绍的地盘暂住。说来也巧，这时候刘备的拜把子兄弟关羽刚好斩杀了袁绍的大将颜良。“袁绍大怒，欲斩玄德。玄德从容进曰：‘明公只听一面之词，而绝向日之情耶？备自徐州失散，二弟云长未知存否；天下同貌者不少，岂赤面长须之人，即为关某也？明公何不察之？’袁绍是个没主张的人，闻玄德之言，责沮授曰：‘误听汝言，险杀好人。’”当然，这事没完，后来还有续集，关羽又杀了袁绍另一名爱将文丑。“袁绍大怒，骂曰：‘大耳贼焉敢如此！’少顷，玄德至，绍令推出斩之。玄德曰：‘某有何罪？’绍曰：‘你故使汝弟又坏我一员大将，如何无罪？’玄德曰：‘容伸一言而死：曹操素忌备，今知备在明公处，恐备助公，故特使云长诛杀二将。公知必怒。此借公之手以杀刘备也。愿明公思之。且颜良、文丑比之二鹿耳，云长乃一虎也：失二鹿而得一虎，何恨之有？’袁绍曰：‘玄德之言是也。汝等几使我受害贤之名。’”刘备“忽悠”袁绍简直就是古代版《卖拐》、《卖车》，袁绍这个草包被人“坑”了最后还要说声“谢谢啦”。当然，我们不禁要责备起刘备：刘皇叔啊，你为何要专挑这个脸大脖子粗的大款“忽悠”，换个人行吗？

接着，我们来谈谈刘备的“蒙人”艺术。“长坂坡摔阿斗”、“白帝城托孤”、“煮酒论英雄”等耳熟能详的经典桥段暂且不说，就连刘备“皇叔”这个称号其实也是“蒙”出来的。“献帝设朝，玄德具朝服拜于丹墀。帝宣上殿，问曰：‘卿祖何人？’玄德奏曰：‘臣乃中山靖王之后，孝景皇帝阁下玄孙，刘雄之孙，刘弘之子也。’帝教取宗族世谱排看，则玄德乃帝之叔也。帝大喜，请入偏殿叙叔侄之礼。”这个汉献帝，当然也有自己的小算盘。“帝暗思：‘曹操弄权，国事都不由朕主，今得此英雄之叔，朕有助矣！’”当时曹操“挟天子以令诸侯”，汉献帝事实上已经被软禁，手上并无实权，何况盖盖“公章”本来就是无本生意，何乐而不为。看见，刘备

“皇叔”这个“文凭”按现在讲法充其量就是通过“电大”函授来的，含金量绝不算高。后来，曹操的儿子曹丕称帝。“早有人到成都，报说曹丕立为大魏皇帝，于洛阳盖造宫殿；且传言汉帝已遇害。汉中王闻知，痛哭终日，下令百官挂孝，遥望设祭，上尊谥曰‘孝愍皇帝’。玄德因此忧虑，致染成疾，不能理事……后登坛告祭，受皇帝玺绶，抚临四方，文武各官，皆呼万岁。”其实这个汉献帝并没有被曹丕诛杀，只是被贬为山阳公。按现在说法，他是在刘备集团的“忽悠”下“被死亡”。只叹这个汉献帝，被刘备“蒙蔽”了这么多年，还指望有朝一日能救他于水火之中，没想到最后这个“笑容可掬”的刘皇叔自己当了皇帝。

同“坑”、“蒙”技巧相比，刘备的“拐人”手法同样不俗。当年吴侯孙权有个“正当妙龄、志胜男儿、美而贤淑、堪奉箕帚”的妹妹孙尚香，就在被刘备三言两语“忽悠”后,“下嫁”给这个比自己年长二三十岁的中年男人。当然，相对于“诱拐”女人这种小儿科把戏，刘备“携民过江”的组团“忽悠”，规模可要大得多。当时曹操南征，于是刘备派人在荆州到处宣传，说曹操如何无视公民个人财产权，屡有暴利拆迁的恶劣行径，之前徐州百姓就因为维护自己合法权利“暴力抗法”，最后惨遭曹操“屠城”。“刘备曰：‘今曹兵将至，孤城不可久守，百姓愿随者，便同过江。’两县之民，齐声大呼曰：‘我等虽死，亦愿随使君！’即日号泣而行。扶老携幼，将男带女，滚滚渡河，两岸哭声不绝。”就这样，满城的老百姓在刘备的“忽悠”下被集体“拐跑”。当然，刘备这次大规模“拐人”的目的，无非是想借悠悠众人之口做个免费个人宣传，大打“亲民牌”，为今后三分天下打下坚实的群众基础。

最后，来谈谈刘备的“骗术”。赤壁大战后，孙权为了稳固“孙刘联盟”共同抵御曹操，采用政治联姻方式把自己的妹妹嫁给刘备，并且还把荆州“借”给刘备供其“经营”。当时荆州西面是蜀地，那里的领导人益州牧刘璋纲维颓弛，周瑜、甘宁一直劝孙权趁势取蜀。于是孙权就把自己的

“妹夫”刘备请来商讨出兵的可行性。“权以咨备，备内欲自规，仍伪报曰：‘备与璋讬为宗室，冀凭英灵，以匡汉朝。今璋得罪左右，备独竦惧，非所敢闻，原加宽贷。若不获请，备当放发归于山林。’”可见，刘备当时已经有图西川之心，于是骗孙权说，刘璋是我的兄弟，大舅子你如果忍心看着你的宝贝妹妹跟着我去山里过钻木取火的日子，那你就去伐蜀吧。“后备西图璋，留关羽守，权曰：‘猾虏乃敢挟诈！’”当然，最后的结果出乎孙权意料，刘备以“帮助刘璋共同开发蜀地的名义”拿下西川。可以看出，孙权被“自己人”摆了一道，心里确实很是不爽。当然，孙权也是个报复心很强的人，后来终于找个机会也背后捅了刘备的兄弟关羽一刀，借机夺回荆州。看来，在这个江湖上玩“忽悠”，迟早都是要还的。

孙权在厕所里办了一件大事

古人早有云:“人有三急，如厕第一。”可见厕所的重要性，至今民间仍有把上厕所称为“办大事”的说法。《汉书·汲黯传》有记载:“大将军(卫)青侍中，上踞厕视之。”说的就是当时的国家最高领导者汉武帝刘彻经常在厕所接见高级官员卫青商谈公务。

《后汉书·梁冀传》也有谈到，后汉桓帝对“跋扈将军”梁冀专权素有不满，得知陈授死讯（被梁翼诛杀）大怒；加以梁冀刺杀贵人邓猛姊婿邴尊事发，桓帝遂与宦官单超等五人密谋诛梁冀。桓帝以上厕所为托词，把亲信宦官单超、唐衡等（相当于现代的秘书之类没有行政级别的公务员）召进茅坑，下达一号文件铲除当时的“军部司令”梁冀及其党羽。

如果我们要深究历史，还会发现诸多古代公务员在厕所办大事的例子。比如说三国时期著名的赤壁之战，其实也正是由一泡尿憋出来的。首先，还是让我们回顾一下《三国演义》里面的两段文字。

权正聚文武于堂上议事。权将曹操檄文示肃曰:“操昨遣使赍文至此，孤先发遣来使，现今会众商议未定。”肃接檄文观看。其略曰:“孤近承帝命，奉词伐罪……今统雄兵百万，上将千员，欲与将军会猎于江夏，共伐刘备，同分土地，永结盟好。幸勿观望，速赐回音。”……张昭曰：“曹操拥百万之众，借天子之名，以征四方……以愚之计，不如纳降，为万安之策。”众谋士皆曰：“子布之言，正合天意。”孙权沉吟不语。张昭又曰：“主公不必多疑。如降操，则东吴民安，江南六郡可保矣。”孙权低头不语。

须臾，权起更衣，鲁肃随于权后。权知肃意，乃执肃手而言曰：“卿欲如何?”肃曰：“恰才众人所言，深误将军。众人皆可降曹操，惟将军不可降曹操。”权曰：“何以言之?”肃曰：“如肃等降操，当以肃还乡党，累官故不失州郡也；将军降操，欲安所归乎？位不过封侯，车不过一乘，骑不过一匹，从不过数人，岂得南面称孤哉！众人之意，各自为己，不可听也。将军宜早定大计。”权叹曰：“诸人议论，大失孤望。子敬开说大计，正与吾见相同。此天以子敬赐我也!”

按照现在的话来还原一下这段历史：由于以曹操为首的北方分裂势力拥军百万准备进犯东吴，于是东吴最高长官孙权召开了一个常委扩大会议商量对策。在这次会议上，“东吴秘书长”张昭主张投降，并得到与会官员的广泛认同。孙权由于精神压力过大，抗利尿素分泌失调，于是中途起身上厕所去方便一下（“权起更衣”）。

这时候，东吴高官鲁肃见机赶紧追到厕所，说了一段掷地有声的言论。言论的中心思想大概是这样的，像我鲁肃、张昭等官员如果投降曹操，行政权力基本不会发生太大改变，至少也可以当个市委书记什么的。但是如果上司你孙权投降曹操，估计会受到政治迫害，至少行政权力是不可能有的，就算曹操心肠好点，顶多也就是给上司你一个保留行政级别的调研员头衔而已。

正是这段厕所言论，迫使孙权站在自己政治前途的立场上立下抗曹的决心，于是才有了后来诸葛亮舌战群儒、周瑜慷慨陈词、孙权拔剑砍案、赤壁大败曹军等一系列事件。

至于鲁肃为何偏要选在厕所和孙权谈自己的政治见解，原因可能有以下几点：一是，厕所空间相对较小，相对给人以亲近感。二是，人在排泄排尿的过程中实际上处在一个心理松弛的阶段，人的警戒性也相对较弱。三是，在别处讨论公务若是政见不合大可挥袖而去，可在方便的时候总不能提裤而出。因此，厕所确实也可算是一个办公的好地点，同时又是一个可以很好地和上级领导拉近距离的场所。

诸葛亮孙权也爱围观八卦事件

三国时代的主旋律是战争，男人们吃饱了肚子就会扛着兵器上战场PK两把。当然，吃饱了光打战不行，难免也要坐下来休闲一下，休闲之余就难免要折腾点花边新闻。三国就曾有这么一出八卦绯闻，居然轰动蜀吴两地，甚至连诸葛亮、孙权、张昭等重量级人物也纷纷围观表示关注。绯闻男主角很有意思，他的名字叫张飞。

看过《三国演义》的人都知道，张飞是个大老粗，文化层次不高，成日就会一句“俺乃燕人张飞”。不过历史上的张飞，可能会小资一点，在行军打仗之余，往往还会画画美人写上两首打油诗，来陶冶情操。按现代话讲，还是一个蛮有“范”的人物。在当时,“男男相宿”是件特别时髦的事情，就像现代人喜欢喝着星巴克玩iPhone一样，喜欢附庸风雅的张飞当然难免也要把玩一番。因此，一则离奇八卦绯闻就这般悄然铺开了。

事件的来龙去脉是这样的：当时蜀国有位叫刘巴的“财政部长”，人长得一表人才，又在“金融监管部门”工作，是位典型的“高富帅”。张飞听说了他的名声，准备装一把文艺青年，自作主张要和他睡上一觉。刘巴自思，我堂堂一个“财政部长”居然会被“潜规则”，业余时间还得加班陪

“领导”（刘皇叔）的弟弟睡觉，心中自然十分不痛快。因此，当张飞扛了件双人被，兴冲冲地铺好了床，准备同刘巴风雅一番时，谁知刘巴居然不发一语，独自在门外的阳台上喂了一晚上鸽子，然后回到桌子旁吃营养早餐，就当张飞从来没有出现过。张飞哪里受过这等委屈，于是这位大嗓门的猛男嚷嚷地把自己在床上受的冷落宣扬了出去（“张飞尝就巴宿，巴不与语，飞遂忿恚。”《三国志》）。

有搞基，有纠结，有潜规则，还有高富帅和肌肉男，按照现代新闻学的观点，这简直就是一则不折不扣的“教科书般”的八卦案例。如此劲爆绯闻，马上引来“事无巨细”的诸葛亮的关注。于是诸葛亮找来了当事人刘巴，开始做他的思想工作：“张飞可是‘部队’里的人，先生你也是知道的。依我看，你就从了吧（‘张飞虽实武人，敬慕足下。’《三国志》）。”刘巴听罢，拍案正色道：“丞相啊，此言差矣。刘巴我即使不才，也好歹是个高富帅。要我跟一个当兵的屌丝睡觉，这是绝不可能的（‘大丈夫处世，当交四海英雄，如何与兵子共语乎’）。”见刘巴如此坚贞不屈，诸葛亮想想也是，“高富帅”们素有“血可抛、头可断，面子不可失”的气节，于是也只好作罢。

有趣的是，这出绯闻事件，后来居然风传到了东吴。东吴的那些文人们，偏安一隅久了，光复汉室的意气早就磨平了大半，有点闲得慌，就会找点北魏西蜀的八卦新闻寻开心。张飞同志尴尬的“桃色绯闻”，自然引起了东吴骚客们的强烈兴趣。茶余饭后，闲得无聊，文人们总会盘下腿来调侃几句。每至此时，连一向保守的“老古董”张昭，都会跑过来凑个热闹，发表一下观点：“看来，床是衡量一个人道德水准的标杆。不就睡个觉嘛，刘巴这人实在太没有风度了，就是因为人家以前是个杀猪的屌丝，就不和人睡觉，实在不厚道（‘张昭尝对孙权论巴褊厄，不当拒张飞太甚’）。”孙权听罢，忍着笑说道：“刘巴就是这样嘛，高富帅都是有架子的嘛，随便跟个屌丝都睡觉，那以后还怎么好意思跟人说自己是高富帅呢（‘若令子初随世沉浮，交非其人，何足称为高士乎’）？”

猛张飞是风流才子唐伯虎

三国是个纷乱和风流并行的时代。大江东去，浪淘尽，遥想当年，羽扇纶巾的周公谨谈笑间，樯橹灰飞烟灭，是何等风姿卓越。又如写下“仿佛兮若轻云之蔽月，飘飘兮若流风之回雪”等千古佳句的曹植，行文竟是如此潇洒，难怪文学家谢灵运不禁发出“天下才有一石，曹子建独占八斗”这般感慨。

如果人们顺着记忆细数三国时代的风流才子，嵇康、孔融、阮籍、祢衡……甚至杨修，可以数出很多，但有个人，绝不会为人们所提及，此人名字叫做张飞。首先，还是让我们从《三国演义》里翻出张飞的经典形象吧，“身长八尺，豹头环眼，燕颔虎须，声若巨雷，势如奔马”。俨然一个“魔鬼筋肉人”。后来的戏曲为了表现张飞的刚烈蛮直，又“送”给他一张黑脸。在历代文人骚客和江湖说书的刻意渲染下，张飞慢慢演变成了“简单粗暴”的代名词。例如，著名诗人李商隐就曾写过“或谑张飞胡，或笑邓艾吃”这般诗句。

那么，历史中的张飞真是一个形象丑陋的蛮黑汉吗？其实不然。让我们先来翻阅一段典史吧。《三国志》记载，“后主敬哀皇后，车骑将军张飞长女也……后主张皇后，前后敬哀之妹也”。可见，阿斗皇帝先后立的两个皇后都是张飞的女儿。古代皇帝选择妃嫔还是比较看重美色的，张飞的女儿如若“肥头大耳、眼如死鱼、黑不溜秋、睡觉打鼾”，估计刘禅就是再蠢蛋也是会有情绪的。由此可想，张飞应该还是一个留着络腮胡子的美男子，至少，形象绝不像民间流传的那样不堪。

而且，张飞还有着不错的文化底蕴，这可能跟他“世居涿郡，颇有庄田”有关。一个小康家庭的娃子，肚子里还是有点墨水的。当年张飞以少胜多，把名将张郃打得大败而逃。意气风发之余，张飞更以石代纸以矛代笔，在八蒙山石壁上刺凿下“汉将军飞，率精卒万人，大破贼首张郃于八蒙，立马勒铭”。字体刚劲有力，气吞山河，其时其景，何其豪迈。在行军闲暇之间，张飞偶尔还会吟点小诗。“王方平采药此山，重子歌玉泸山涧。雪，住宿方行。”这就是张飞军旅途经真多山写下的诗文。十九字的游经，虽然无法和曹子建的文采相提并论，但也不失为一种情趣。

此外，张飞不仅书法了得，还是个有名的书画家，尤喜画美女。明代卓尔昌的《画髓元诠》载:“张飞喜画美人，擅草书。”清代《历代画征录》记载:“张飞，涿州人，善画美人。”当年，刘禅的丈母娘夏侯涓，也许就是被张飞的这般才情所吸引，芳心暗许，栖身下嫁。《魏略》有云:“建安五年，时(夏侯）霸从妹年十三四，在本郡，出行樵采，为张飞所得。飞知其良家女，遂以为妻。”说的就是两人在森林偶遇，张飞这个曾经的“桃园主人”，一边玩世不恭地唱着“桃花坞里桃花庵，桃花庵下桃花仙，桃花仙人种桃树，又摘桃花换酒钱……”一边殷勤地拿出画布，含情脉脉地为心上人描上几笔。面对如此才情的风流人物，这位涉世未深的小女子心中想必是小鹿乱撞脸腮绯红，张飞也顺势上演了一段三国时代鲜为人知的“点秋香”。

舌尖上的三国，曹操“吃货”曹丕小资

中国文化博大精深，当然其中也包括食文化。一句老话说的好：“民以食为天。”天大的事，自然是分外讲究，但凡赶上一个丰收年，一家几口人总要趴在桌角一起折腾出一个新花样来，于是有了川菜、粤菜、闽菜等诸多菜系。当然，看着五花八门的各色口味，我们不妨拿出娱乐心态，玩一把穿越，窥探一番三国时代名流们的舌尖上都迷恋着“神马”？

曹操是“吃货”

在三国时代，曹操应该算是对食文化颇有研究的一位。曹操的每日食谱上，必定有鱼（《魏武四时食制》载：“望鱼，侧如刀，可以刈草。”）。难能可贵的是，我们曹操同志还能“吃”以致用。《世说新语》就有记载望梅止渴的故事：“魏武行役，失汲道，军皆渴，乃令曰：‘前有大梅林，饶子，甘酸，可以解渴。’士卒闻之，口皆出水。”可以看出，正是曹操在“吃”上面的阅历，才使他的军队度过行军最艰难的时期。

不过，曹操在品尝美味时，是不喜欢别人破坏雅致的。传说西凉刺史马腾打听到曹操喜欢糕点，于是进献了一盒包装精美的甜酥，曹操一时兴

起，提笔在上面写上“一合酥”三字。主簿杨修趁着曹操出外办公之际，唤来了百官，自作主张道：“丞相此前吩咐，一人一口酥。”于是叫百官开装分享。见如此美食竟被杨修胡乱“点评”，曹操心中愤然，于是有了诛杀杨修的想法。

曹操不仅钟爱传统美食，还对一些稀奇古怪的食品有所涉猎。《魏志》记载：“（曹操）又习啖野葛至一尺，亦得少饮鸩酒。”根据《神农本草经》、《本草纲目》等记载，野葛是有剧毒的，鸩酒当然也是著名的毒物（毒性远强于当今经典毒物地沟油、三聚氰胺等）。只是，曹操和毒物相伴的雅兴，是一时兴起，还是为了在对仗期间寻求灵感迸发，或是觅寻长生不老良方，也就不得而知了。

诸葛亮偏爱农家乐和口香糖

诸葛亮曾在《出师表》中写道：“臣本布衣，躬耕于南阳。”可见，年轻时的诸葛亮应该算是农民。不过，这位知识型农民在农耕之余可没有闲着，隔三岔五总会邀上徐元直、崔州平几个文人，爬几座大山，趟几波河流，倘若累了，随性踏进一家“农家乐”，喊上三五下酒菜，谈一谈时政，聊一聊美眉，然后一醉方休。

不过，自从跟了刘备，军政一肩挑的诸葛亮失了年少时的潇洒。事无巨细的公务生活，也使他对饮食少了很多讲究。不过，也有例外，就是无论公务多忙，诸葛亮总喜欢在口里嚼上一片“口香糖”。曹操的《与诸葛亮书》曾有这样的描述：“今奉鸡舌香五斤，以表微意（曹操果然是吃货）。”鸡舌香是一种香料，可含在嘴里。古代臣子给皇帝做口头报告时，为了不让口臭熏着皇帝，嘴巴里就含着这个，让口气芬芳，也就相当于现代的口香糖。由此可见，长时间高强度的工作，使诸葛亮的肠胃功能出现紊乱，从而可能患上了较严重的口气。“嚼口香，放轻松”，也许，这正是诸葛亮自我减压的一种方式。

孙权热衷红烧鱼和品酒

毛泽东曾有诗云:“才饮长江水，又食武昌鱼。”诗中所说的武昌鱼，即鳊鱼，脂香味美，一直是历代文人骚客的钟爱。对如此人间美味，三国时代曾定都武昌（今湖北鄂州）的孙权同志应该是不会放过的。烹饪武昌鱼，主要还是要以红烧为主，成品之后，色泽金黄，油润爽滑，味道异常鲜美，总会让人胃口大开。

当然，如此上等红烧佳肴，怎能独缺美酒。孙权每次宴请宾客，总会摆上各色美酒，逐一让大家斟尝。饮过的人，总要摇头晃脑，发表一番品酒感言。每逢此时，倘若有人不识风趣，破了酒会的规矩，孙权同志可是会发飙的。譬如，曾有一位叫虞翻的同志，因为在酒会上玩了一个投机，耍了一把无赖，竟惹得孙权龙颜大怒，差点因此人头落地。（“欢宴之末，自起行酒，翻伏地阳醉，不持，权去，翻起坐。权大怒，手剑欲击之。”《三国志》）

小资曹丕最爱水果拼盘

相对“吃货”老爹曹操，曹丕在对人间美味的追求上，丝毫不落下风。对于在马背上打江山的父辈们来说，尽管有诸多讲究，但饮食上总体还是偏向粗犷的，相比之下,“二世祖”曹丕的饮食习惯，可就要精致的多，在层次上也决不限于“望梅止渴”这般最低级的生理需要，色香味周全，成了曹丕雷打不动的品食标准。

如此看来，洋溢着“暴发户”气息的大鱼大肉，是很难入颇有小资范的曹丕法眼的，于是“天生丽质”的水果，悄然摆上了他的餐桌。在诸多食物当中，曹丕对水果的搭配颇有研究，而其中，更是对葡萄钟爱有加。曹丕文集里对此曾有这般描述:“中国珍果甚多，且复为说蒲萄（葡萄的古称之一）。当其朱夏涉秋，尚有余暑，醉酒宿醒，掩露而食。甘而不饴，酸而不脆，冷而不寒，味长汁多，除烦解渴。”三言两语间，早已让是人垂涎三尺。

除却葡萄，曹丕对龙眼荔枝也是偏爱的（“南方有龙眼荔枝，宁比西国葡萄石蜜乎”）。子桓（曹丕）文采自然了得，此等才子倘生于今日，必定手持iPhone，待果令上时，噼啪自拍然后“微博”一通。

貂蝉最爱黑木耳

作为中国最神秘的“美女间谍”，貂蝉在正史上着墨并不算多，对于她的饮食，自然也就无从考究。当然，我们大可以发扬娱乐精神，把美女的芳名在字意上来个拆解:“叼、馋”。如此想来，我们这位貌美如花的女同志，料必是个嘴巴又叼又馋的人儿。看来，这位斡旋于董卓、吕布两位社会名流之中的风华绝代女子，对男人的长相（如董卓），没有太多苛求，可在吃相上，就要严谨的多。

虽然貂蝉的嘴“叼”，但对一样美味却是情有独钟：黑木耳。杂剧《锦云堂暗定连环计》有云，貂蝉出身木耳村，村名的来由，自然因盛产木耳得名。木耳这“玩意”，可是佳品：质地柔软，味道鲜美，可素可荤，养血驻颜。打小有了这般滋补，也难怪秀女长成后，落个出水芙蓉模样了。这般看来，后来的貂蝉“回眸一笑百媚生”，董卓、吕布二人“冲冠一怒为红颜”，大概也是托了木耳的福吧。

三国名流大多没有“幸福感”

在开启了“战争模式”的三国时代，凡夫走卒们自然是鲜有幸福感的。建安七子“头牌”王粲的《七哀诗》描述的“出门无所见，白骨蔽平原”，也许就是平头百姓真实的生活写照。不光百姓，就连平时高高在上的达官贵人们，日子也是过得战战兢兢（譬如，后汉元老尚书卢植，因同董卓一时言语不和，竟差点被棒杀于殿堂之上）。

文官尚且如此，拥兵一方的武将自然也不能脱掉干系。吕布因为打了个瞌睡最后人头落地；袁术因为一杯蜜水愤然离世；孙策因为意外毁容幸福感顿失。在高亢的幸福感面前，吕布、袁术、孙策们纷纷落马，甚至，连开创三国时代的曹操、孙权、刘备三巨头也难逃此般魔障。我们先从男一号曹操说起吧。

很多人有这样一个误解：曹操君临天下，妻妾成群，偶尔还抢抢别人老婆尝尝鲜，应该是个幸福感很强的人物。其实不然，如若我们翻开曹操的个人档案，即会发觉他是个自卑感极强的人。他的自卑感，主要源于两个方面：

一、阉党之后（很多人都不想和他交朋友，《世说新语》记载，曹操求学期间，有个叫宗世林的文人，瞧不起曹操的出身，无论曹操对其百般讨好，也不愿和他交往）。

二、个子矮（《世说新语》记载，曹操荣登魏王，匈奴派使者前来祝贺。曹操担心自己个子矮，有损国威，因此让大帅哥崔琰顶包）。

正是因为自卑，造成了曹操极其矛盾的性格。为了结交更多的朋友，曹操常常干点石破天惊的坏事，以此引起大家的关注。《御览》上说他“为人佻易、无威重”，即是说他有点像现代街头的屌丝混混。成名之后的曹操，坐到了领导位置，表面上，其暴戾的脾气有所收敛，可内心深处，猜忌的心思反而变本加厉起来。

比如早年在曹操的家乡沛国，有个叫桓邵的官员，素来瞧不起曹操的出身，多次出言不逊。孰知风水轮流转，曹操掌权之后，回想起陈年往事，总觉得不太对味，依稀觉得有个叫桓邵的家伙一直在眼前晃来晃去。为了抹去少年时不快的记忆，曹操下了通缉令，将其逮捕。只可怜了桓邵，莫名地被人逮了，莫名地画押认罪，莫名地在众人面前被一阵羞辱，然后莫名地被推出殿外斩首示众（“沛国桓邵亦轻之，桓邵得出首，拜谢于庭，操谓曰：‘跪可解死邪？’遂杀之。”《曹瞒传》）。

到了晚年的曹操，抑郁的心理愈发严重，常常夜不能眠，唯恐别人暗中加害，更是对外宣称：“吾梦中好杀人，凡我睡着，汝等切勿近前。”某日，曹操在帐中小憩，翻身时被子掉落于地，一近侍见状，拾被欲盖，曹操突然跃起拔剑杀之，然后倒床便睡。半晌醒来，曹操惊讶道：“谁人杀我近侍？”其他近侍以实相告，曹操痛哭，命人厚葬。试想，一个内心阳光，充满了幸福感的人，怎会连一个好梦都没有呢？

再来谈一下孙权。按照史料记载，孙权坐拥江东的年纪大概是在十六岁。这个年龄段的小伙子，一般都会躲在学堂的墙根旁，听着蛙声谈论“这些年，我们一起追过的女孩”，可孙权却不然，因为他幼嫩的屁股，已经坐在了殿堂的高位上。登位伊始，内有张昭等主和派元老的干政，外有强敌曹操虎视眈眈的秣马，为保父兄累世基业，孙权料必煞费了心思。时常失眠的孙权，自然常借酒消愁，这也为他后来的酗酒埋下了“伏笔”。

赤壁之战后，孙权的焦虑感并没有随之消去。为了制衡曹操、刘备势力，孙权一方面对曹魏集团卑躬屈膝（曹丕在位时孙权更是向其进贡了象牙、犀角、玳瑁、翡翠等贵重物品和斗鸭、长鸣鸡等荆、扬特产），另一方面把自己年幼貌美的宝贝妹子许给了刘备。有了早年忍辱负重的经历（“屈身忍辱，有勾践之奇”《三国志》），一直缺乏幸福感的孙权到了晚年，终于性情大变，听信谗言，猜忌大臣，变易太子，滥杀无辜，使吴国人才凋零，国力大减。江东基业，终在孙皓一世，为司马氏所灭。

相比老对手曹操、孙权，刘备的幸福感也好不到哪去。年少时贩鞋为生，年长时流离失所，四海为家的刘备心中自然苦楚万端。每当夜深人静时，刘备起身如厕，拉开裤裆，却见腰间髀肉复生，不觉感慨年近半百寸功未立，因而常常潸然流涕。《九州春秋》里，这段寄居荆州刘表处的描述，或许就是刘备颠簸半生的一个缩影（“分久不骑，髀里肉生，日月蹉跎，老将至矣，而功业未建，是以悲耳！”）。

也许，刘备人生中最有幸福感的时刻，是在袭取西川的路上。当时刘备对蜀地志在必得，他大会将士，置酒作乐，志得意满。乘着酒兴，刘备对军师庞统说道：“今日之会，可谓乐矣。”庞统一听，心中不快：“伐人之国而以为欢，非仁者之兵也。”时刘备已醉，怒道：“武王伐纣，前歌后舞，非仁者邪？”为何一向以仁义面目示人的刘备，会有如此过激言论？究其心理，估计是装了半辈子的孙子，终于可以人模狗样地扬眉吐气一把了，以致失态。

不过，刘备的幸福感来得太快，也来得太短，入蜀不过几年，妹夫孙权心理不平衡了：“我在合肥天天担惊受怕（合肥是孙吴、曹魏对峙的主战场），你在成都倒是天天歌舞升平。”于是孙权铆足了力，在背后狠狠地捅了刘备一刀。这一刀，彻底击垮了刘备来之不易的幸福感。荆州失陷，五虎上将凋零几近，随之夷陵大败，漂泊了一辈子的刘备终于在白帝城的蓝云白云下一病不起，从而真正“安定”了下来。

第2章

三国圈子的那些潜规则

当关羽还在纠结自己的江湖艺名，当小乔还在苦恼自己的家中名分，我们的孙权，早在酒桌上拿起杯子，遥望饭局里的刘备，觥筹交错中惊奇地发觉，原来孔明的马屁功夫，竟是如此了得。当然，无论是谁，也休想在曹操面前耍大牌。

公务员队伍里也以貌取人

三国是个人才辈出的时代，当然，这和当时曹操、刘备、孙权等上层领导“不拘一格用人才”这种相对宽松的用人政策不无关系。因此，无论先前是吊丧问疾的，还是看坟守墓的，抑或屠猪杀狗的，只要有过人之处，就有机会脱颖而出，成功踏进公务员队伍里捧个铁饭碗吃“皇粮”。

不过，尽管刘备等领导人的行政作风相对开明，但在某些用人理念上却也难免落入窠臼，比如，他们对编制人员的相貌还是有要求的。三国史上最出名的公务员“面试”《隆中对》就是其中典型的一例。

当时刘备在荆州当官，手头上有点编制，于是面向社会招考公务员。只不过其报考条件相对苛刻，一是南阳人，二是道号必须叫“卧龙”的，三是还得姓诸葛，这颇有点前阵子福建屏南县公务员招考时“量身定做”的味道。当然，接来下的面试大家早已耳熟能详，刘备初见诸葛亮，就被其俊朗的外表所折服：“身长八尺，面如冠玉，头戴纶巾，身披鹤氅，飘飘然有神仙之概。”刘备心中大喜，连呼“如鱼得水”，赶忙送上聘书。

不过，同样是面对刘备，和诸葛亮齐名的“凤雏”先生庞统的面试经历就要惨痛的多。刘备“见统貌丑，心中亦不悦”，因此未以重任。而在此之前，庞统刚在东吴也参加了一场公务员考试。尽管庞统笔试成绩出众，但主考官孙权见到他“其貌不扬，浓眉掀鼻，黑面短髯，形容古怪”，厌恶之情油然而生，硬生生地在面试环节把其刷下。这个曾被职业经理人水镜先生严重看好的人，仅仅因为形象不雅，就在求职过程中屡屡碰壁，难免心里留下阴影。后来庞统急于显示才能，贪功冒进，死于落凤坡，不知是否就是被诸葛亮的“帅”给逼的。

同刘备孙权一样，北方的军政一把手曹操对“衣冠不整、相貌丑陋”的人也存在偏见。当年，曹操的机关队伍里有一个鼓吏名额尚缺，于是令祢衡补缺。祢衡自恃学历甚高，不愿从基层做起，头天上班，就蓬头垢面，并且还在众多领导同志面前脱衣换裤。面对祢衡有伤风化的行为举止，曹操心中甚厌，于是找个借口将祢衡这个不修边幅的高材生遣送至荆州刘表处，后为黄祖所杀。

衣冠不整者，曹操尚不容之，相貌丑陋者，曹操更是心存厌恶。四川刘璋手下有个叫张松的公务员，生得“额矍头尖，鼻偃齿露，身短不满五尺，言语有若铜钟”。此人素怀大志，瞧不起“直接领导人”刘璋的懦弱无能，于是借着“公派学习”之机，暗藏西川地图准备献于曹操。不料曹操见张松相貌猥琐，心中几分不喜，又闻其言语冲撞，遂乃拂袖而去，毫不留情地给张松吃了个闭门羹。

由此可见，在三国当公务员不仅要“进的公堂还要出的厅堂”，“姿色”成了年终考核评“先进”的标准之一，即使如庞统等纵有千般才华，但最终站在曹操、刘备、孙权身边的“男一号”还是诸如“留香荀令”（荀彧）、“仙风诸葛”、“英姿周郎”等这般翩翩美男子。

别在曹操面前耍大牌

曹操是个聪明绝顶的人物，他知道要在乱世之中建功立业，走儒家那套迂腐的用人之道是行不通的。于是他扛着“唯才是举”的大旗，放下身段不计出身“礼贤下士”，三教九流只要有本事统统录用，甚至对像张绣那样一再倒戈谋反并诛杀其亲子与之有深仇大恨的也能不计前嫌、一笑了之。

当然，这些可能都是作秀，但曹操确实做得漂亮。曹操可以容许别人刺杀自己的亲骨肉，容许别人背叛倒戈，但曹操也是有“底线”的，那就是不容忍别人在他面前怠慢轻侮“耍大牌”。否则，曹操就会毫不犹豫地拿起屠刀，格杀勿论。这里就有个“曹操杀伎”的故事，说的是有个歌女技艺卓越，某日曹操命她歌舞取乐，但这歌女自恃有才，耍起大牌哼道:“本小姐今天心情不好，不唱!”这颇有点天后王菲的味道。曹操心下暗恨，他日，又寻得一歌妓，比旧者才高十倍，方叫出旧伎对其嘲笑一番，然后杀之。

不仅是歌女，就算是从小穿着开裆裤玩到大的伙伴，如有对曹操不恭，下场也一样“杯具”，许攸就是一个很好的“反面教材”。许攸自幼与曹操十分要好，官渡之战初期，曹操袁绍两军僵持不下，许攸背叛袁绍投奔曹操后，受到了曹操“跣足相迎”的超高规格礼遇。在许攸的帮助下，曹军偷袭乌巢大获全胜。后曹操夺取冀州，亦有许攸之功。许攸因此居功自傲，得意忘形，对曹操经常口出戏言，甚至称呼曹操小名，在正式场合也毫不收敛。在一次干部会议上，许攸对曹操说:“阿瞒，你没有我，不会得到冀州。”曹操哈哈大笑:“你说的一点不错。”当然，这又是曹操在作秀，他嘴上虽这么说，心里却对这个“耍大牌”的玩伴十分不满。后来，许攸率随从经过邺城东门，得意地对左右“马仔”说:“他们曹家没有我，不可能出入此门。”此话传到曹操耳中，终于忍无可忍，下令杀死许攸。滑头的许攸也许是死有余辜，但三国时代最“大牌”的医生华佗居然也是死于“耍大牌”，这就有点可惜了。

对于华佗之死，《三国演义》里是这样交代的：曹操晚年头风病愈发严重，遂请华佗前来诊治。华佗说这要做开颅手术才可治愈。曹操这人多疑，认为华佗是要为关羽报仇，一怒之下就杀了华佗。但在《三国志》里，对这段历史的记载却是大不相同的。曹操身有头风顽疾，听说华佗大名，“闻而召佗，佗常在左右。太祖苦头风，每发，心乱目眩。佗针鬲，随手而差”。后来，随着政务和军务的日益繁忙，曹操的头风病加重了，于是，想让华佗根治他的头风病。华佗说:“此近难济，恒事攻治，可延岁月。”意思是说，你的病在短期内很难彻底治好，需要长期治疗。“佗能愈此。小人养吾病，欲以自重”，曹操认为华佗想借此“耍大牌”抬高自己的身价，达到“挟医索官”的目的，于是没有答应他的要求。不久，华佗“思乡病”犯了，曰:“当得家书，方欲暂还耳。”后来又以妻子有病为由，数乞期不返。“太祖（曹操）累书呼，又敕郡县发遣”。面对曹操接二连三的公文，华佗百般推脱。曹操心中生疑，派人去调查情况，并下令:“若妻信病，赐小豆四十斛（也就是给点慰问品），宽假限日；若其虚诈，便收送之。”当然，华佗的老婆其实是没有病的，曹操于是认为华佗仗着自己医术高明一再“耍大牌”，没有把他放在眼里，就依照当时的法律，以“欺骗罪”和“不从征召罪”诛杀了华佗。

刘备的饭局

提起刘备，很多人都会不以为然。这个打不过就逃，逃不走就哭的饭桶窝囊废，无非是运气好捡了一个皇帝罢了。当然，这是拜罗贯中所赐，这个顽固的汉室正统拥护者意欲突出刘备的仁心，不料却给现代人落下刘备软弱的口实。其实，刘备这个所谓的“饭桶”，还真是在饭桌上办了几件大事。

中国人喜欢在饭桌上办大事，经常有人请吃饭说明你这人有面子。不过，颠沛流离的刘备并不太喜欢被人请去吃饭。对于刘备而言，被人请去吃饭就代表着有麻烦。其中，刘备吃过最出名的饭局应当要属“青梅煮酒论英雄”。因为，请他吃这顿饭的人不是别人，正是死对头曹操。当年，刘备势单力孤，假意归附曹操，又恐被其政治迫害，于是每日在许昌的府邸里种菜，以此韬光养晦。曹操遍识天下英雄，刘备有多少能耐他肯定是心知肚明。为了试探这个潜在的政治对手，曹操在自己的私人会所里摆了一个饭局，邀请刘备过来共饮美酒。寒暄了几句客套话之后，曹操开始引出话题：“夫英雄者，胸怀大志，腹有良谋，有包藏宇宙之机，吞吐天下之志者也。”刘备问，谁能当英雄呢？曹操单刀直入地说：“当今天下英雄，只有你和我两个！”刘备一听，吃了一惊，手中拿的筷子，也不知不觉地掉到地下。正巧突然下大雨，雷声大作，刘备灵机一动，从容地低下身拾起筷子，说是因为害怕打雷，才掉了筷子。曹操此时才放心地说：“大丈夫也怕雷吗？”刘备答：“连圣人对迅雷烈风也会失态，我还能不怕吗？”这件事后，曹操认为刘备是个胸无大志的鼠辈，从此再也不疑他了。

从曹操的“说破英雄惊杀人”到刘备“随机应变信如神”，我们不得不佩服刘皇叔在危险面前从容展现的大智慧。不过，摆鸿门宴绝不仅仅曹操一人，我们这位常年寄居篱下的刘皇叔时常都要面临着“人为刀俎，我为鱼肉”的险境。《三国演义》有“蔡夫人隔屏听密语，刘皇叔跃马过檀溪”这么一章，讲的就是当时刘表在家族产业继承人的选择上摇摆不定，于是征求寄居在此的刘备的意见。刘备觉得废长立幼会惹来不必要的家族纷争，主张立刘表的大儿子刘琦为荆州“二代掌门人”。恰巧，这话被小儿子刘琮的老妈蔡夫人听到了（刘琦刘琮同父异母），于是这个女人对刘备起了杀心。蔡夫人先是用离间计要刘表杀他，刘表不答应，后又打算宴请荆州的官员，假装要刘备帮助刘琦与刘琮主持宴会，暗中命令蔡瑁张允等人埋伏兵马准备杀他。对于此次饭局的风险评估，刘备的谋士孙乾等人给出了“不可轻往”四字。不过刘备为了不把两家人的关系闹僵，慷慨赴会。饭局上，伊籍给刘备传递了危险信号，刘备当机立断，假装如厕慌忙出城，马跃檀溪虎口脱险。

当然，这种涉险赴宴的事情对于戎马江湖的刘备已是家常便饭了。赤壁之战后，曹操溃退，刘备暂主荆州。北有曹操，南有孙权。处于尴尬的夹心层，刘备觉得必须要为自己这个荆州之主争取名分。于是，他决定亲自到江东走一遭。这个事件，在《三国演义》里“吴国太佛寺看新郎，刘皇叔洞房续佳偶”章节就有提到。周瑜向孙权献计，以其妹孙尚香为饵，设下美人计，诱刘备来江东联姻招亲，趁机扣为人质，以讨还荆州。诸葛亮将计就计，使孙刘联姻弄假成真，让东吴赔了夫人又折兵。刘备在甘露寺招亲，弄假成真，得了便宜又卖乖，而孙权是哑巴吃黄连，有苦说不出。

不过，罗贯中弄错了事件的先后顺序，刘备去江东的时间点应该是在成婚之后携新婚娇妻回娘家（孙尚香是孙权主动送到荆州的）。当然，这个并不重要，反正，刘备是去孙权那吃饭了。而且，这顿饭吃的凶险万分，我们可以从《三国志·周瑜传》来琢磨一下当时的情形：

“备诣京见权，瑜上疏曰：‘刘备以枭雄之姿，而有关羽、张飞熊虎之将，必非久屈为人用者。愚谓大计宜徙备置吴，盛为筑宫室，多其美女玩好，以娱其耳目，分此二人，各置一方，使如瑜者得挟与攻战，大事可定也。今猥割土地以资业之，聚此三人，俱在疆场，恐蛟龙得云雨，终非池中物也。’”

这应该就是甘露寺招亲的艺术原型，讲的就是周瑜知道刘备是个英雄，怕以后地盘做大了不好对付，建议孙权用美女古玩将其软禁，同时把关羽、张飞这两员猛将分开安置，这样可保江东的太平。我们不得不佩服周瑜的眼光，这个短命的天才早已预知倘若放虎归山，孙刘两家必有一战。不过，孙权没有采纳这个建议。当然，孙权并不是个草包，那为何没有采用周郎的妙计呢？因为，他很清楚眼前的主要矛盾是什么，或者说，他比周瑜看得更远。赤壁大战惨败，曹操集团虽然伤筋动骨，但实力尚存，依然是江东最大的威胁，软禁刘备就会使联盟瓦解，而孙刘两家的窝里斗，渔翁得利的只会是曹操。如若这样，江东基业可能顷刻之间就将灰飞烟灭（“权以曹公在北方，当广揽英雄，又恐备难卒制，故不纳。”《三国志·周瑜传》）。

还有一点必须说明，就是江东之行这个饭局是刘备主动要求去的。至于诸葛亮，根本没有给他什么锦囊。如果有，就是诸葛亮送给了刘备三个字：“不要去（‘时孔明谏孤莫行，其意独笃，亦虑此也。’《三国志·庞统传》）。”明知山有虎偏向虎山行，刘备的胆子真是大的可以，这都是因为他抓住了孙权的心理（“孤以仲谋所防在北，当赖孤为援，故决意不疑。”《三国志·庞统传》）。当然，刘备很给面子来江东喝酒，卸下心理包袱的孙权就要把这顿饭请得风光。“刘备自京口还，权乘飞云大船，与张昭、秦松、鲁肃等十余人共追送之，大宴会叙别《江表传》。”有意思的是，当曹操得知刘备到江东吃了顿饭，孙权就将荆州借给了刘备，惊诧地连笔都掉到了地上。

有了立足之地，胆大的刘备终于时来运转。以前，总是战战兢兢参加别人的饭局，如今，刘备有了当家做主的机会，也开始召别人参加自己的饭局。这次，参加刘备饭局的是他的族弟刘璋。这个刘璋懦弱少断，主政西川十数年寸功未立，还把这个地方的政治风气搞得一塌糊涂。后来刘璋和“隔壁”的土皇帝张鲁闹矛盾，懦弱的刘璋当然不是对手，于是想找个靠山。这时候，刘璋的私人秘书张松给他出了个馊主意：“刘豫州（刘备），使君之宗室而曹公之深仇也，善用兵，若使之讨鲁，鲁必破。鲁破，则益州强，曹公虽来，无能为也。”刘璋想想也是，于是就邀请刘备入川。

既然刘璋要引狼入室，面对嘴边的肥肉，满嘴仁义道德的刘备决定不再仁慈。当刘备带三万“援军”行至涪城处，恰好刘璋提了点小礼物前来犒军。于是，刘备打算就地摆个饭局欢迎这位“远道而来”的东道主。当然，刘备设这个饭局是不怀好意的，至少，他的军师庞统是这样想的。庞统对刘备说：“来日设宴，请季玉（刘璋）赴席；于壁衣中埋伏刀斧手一百人，主公掷杯为号，就筵上杀之；一拥入成都，刀不出鞘，弓不上弦，可坐而定也。”

《三国演义》对这次饭局的描述十分精彩：酒至半酣，庞统与法正商议曰：“事已至此，由不得主公了。”便教魏延登堂舞剑，乘势杀刘璋。延遂拔剑进曰：“筵间无以为乐，愿舞剑为戏。”庞统便唤众武士入，列于堂下，只待魏延下手。刘璋手下诸将，见魏延舞剑筵前，又见阶下武士手按刀把，直视堂上，从事张任亦掣剑舞曰：“舞剑必须有对，某愿与魏将军同舞。”二人对舞于筵前。魏延目视刘封，封亦拔剑助舞。于是刘璝、泠苞、邓贤各掣剑出曰：“我等当群舞，以助一笑。”玄德大惊，急掣左右所佩之剑，立于席上曰:“吾兄弟相逢痛饮，并无疑忌。又非鸿门会上，何用舞剑？不弃剑者立斩!”刘璋亦叱曰:“兄弟相聚，何必带刀?”命侍卫者尽去佩剑。众皆纷然下堂。玄德唤诸将士上堂，以酒赐之，曰:“吾弟兄同宗骨血，共议大事，并无二心。汝等勿疑。”诸将皆拜谢。刘璋执玄德之手而泣曰:“吾兄之恩，誓不敢忘!”二人欢饮至晚而散。

可以看出，这出饭局有如当年楚汉大片鸿门宴的翻拍，庞统扮演范增，魏延扮演项庄，刘璋扮演刘邦，张任扮演项伯，大家对号入座，表演堪称精彩。只是刘备为何要扮演没头脑的项羽，放过刘璋这块到嘴的鱼肉呢?当然，这里面肯定是有缘由的。一来刘备认为刘璋尽管政绩不佳，毕竟在西川主政多年，还是有一定的群众基础，况且自己刚入蜀地，立足未稳，如果席间诛杀刘璋，忠于刘璋的大臣必然反扑，那样他的处境就会相当尴尬。二来刘备认为这样做会砸了自己赖以收揽人心的仁义招牌，不如先厚树恩德以收众心。这个想法，刘备也有向庞统有过交代:“季玉是吾同宗，诚心待吾；更兼吾初到蜀中，恩信未立；若行此事，上天不容，下民亦怨。公此谋，虽霸者亦不为也。”看来，在战略上，老道的刘备要比他的军师还是要高明一些。

当然，通过刘备人生里的数场饭局，我们可以鉴定刘皇叔绝非一个爱哭的“饭桶”，至少，他也是一个英雄。

诸葛亮的马屁功夫

诸葛亮应该算是历代封建帝王非常推崇的一个人物。一是因为诸葛亮这人比较愚忠，基本不可能造反，很符合封建统治者的胃口。二是诸葛亮确实有过人之才。比如说，他绝对称得上是一流的政治家、经济学家、军事家、发明家、天文学家。当然，还包括其“惊天地、泣鬼神”的非凡口才。

最早领教诸葛亮口才的人，应该是刘备刘皇叔。当年在南阳乡间一个简陋的小茅屋里，农村青年诸葛亮摆张“中国地图”，寥寥数语间就让久经沙场的刘备惊呼“如鱼得水”。后刘备败于曹操，诸葛亮作为“说客”出使东吴，堂上舌战群儒，独自PK以张昭为首的曹操“粉丝团”，绝对堪称古代辩论赛经典。而诸葛亮北伐时，阵前骂死老王朗更是彰显其语言才华巅峰之作。

以诸葛亮的“嘴上功夫”，倘若拍起马屁可谓易如反掌。当然，有幸被诸葛亮拍马屁的人实在不多，关羽也许算得上一位。当年刘备入主成都，收服“世之猛将”马超。关羽得知，有了一较高下的心思，于是派遣义子关平拜见刘备，说要和马超切磋武艺。刘备一听，当下就急得眼泪又要掉下来，曰："若云长入蜀，与孟起比试，势不两立。"这时候，在一旁的诸葛亮，拍拍刘备的肩膀安慰道："无妨。亮自作书回之。"回信上是这样写的："亮闻将军欲与孟起分别高下。以亮度之：孟起虽雄烈过人，亦乃黥布、彭越之徒耳；当与翼德并驱争先，犹未及美髯公之绝伦超群也。今公受任守荆州，不为不重；倘一入川，若荆州有失，罪莫大焉。惟冀明照。"诸葛亮的这个马屁拍的确实到位，云长看毕，自绰其髯笑曰："孔明知我心也。"将书遍示宾客，遂无入川之意。

如果说，诸葛亮拍关羽马屁是为了化解蜀国内部矛盾的话，那么诸葛亮接下来的这个马屁看起来就有点"无厘头"了。因为诸葛亮此次拍的对象不是别人，而是后来"名贯青史"的阿斗刘禅。我们先来看看诸葛亮是如何评价阿斗的："天资仁敏，爱德下士（《与杜微书》）。"这个刘禅是不是"天资仁敏"呢？我们可以从他老爹临终的话里找到些许答案，"若嗣子可辅，则辅之；如其不才，君可自为成都之主"。可见，刘备实际上对自己的宝贝儿子的才能还是持"保留意见"的。当然，如果非要说刘备的白帝托孤还是一种政治试探的话，那么刘禅亲政后的表现就确实堪称"不负他爹所望"，亲小人远贤臣，终日和太监黄皓等人遛狗斗鸡，搞得整个朝廷乌烟瘴气。后来邓艾偷袭成都，刘禅无视姜维仍有五万大军在外，一心要当"投降派"，把自己绑得像"麻花"一样，用骡车拉着到邓艾门前请罪。刘禅的不抵抗政策，极其容易让人联想起此前半个世纪蜀地第一任"土皇帝"刘焉的儿子刘璋。"刘璋暗弱，君可图之"，诸葛亮还在隆中耕田时就早已预见，可为何还要"睁着眼睛说瞎话"，夸同样"暗弱"的刘禅"天资仁敏"呢？

也许，可以从诸葛亮的《出师表》找到些许原因。"先帝不以臣卑鄙，猥自枉屈，三顾臣于草庐之中，咨臣以当世之事"，刘备这招"不耻下问"对典型的知识分子诸葛亮来说是很受用的。因此，"由是感激，遂许先帝以驱驰"。也就是说，其实诸葛亮马屁拍的不是刘禅，而是刘备。谁不想望子成龙，更何况戎马半生中年得子的刘备了。诸葛亮对刘禅的褒奖，让已近暮年的刘备看到了光复汉室的希望，也算是对当年知遇之恩的一种投桃报李吧。其次，刘禅算是诸葛亮的学生。当年刘备就曾要求刘禅拜诸葛亮为师，“敬听师傅，行一物而三善皆得焉，可不勉与!”诸葛亮是个门第观念很重的人，这从他重用学生马谡而对魏延的才能置若罔闻就可以看出。当然，老师夸自己的学生两句，也是合乎情理的。

当然，如要继续深究诸葛亮缘何拍马屁，动机可能就不那么光明磊落了。虽然早在刘备自立汉中王的时候，就已经“册封”刘禅为王太子。但刘禅其实并非刘氏家族的长子，因为他还有个哥哥刘封，也就是说，刘禅当时的地位并不是很稳固。刘封原来是罗侯寇氏之子，长沙郡刘氏的外甥，早年刘备投靠荆州刺史刘表的时候，由于尚未有儿子，于是就把刘封过继为养子。这个刘封性格刚烈，傲慢难制，因此，诸葛亮情感上也更倾向“比较听话”的刘禅能够顺利接班。为何诸葛亮喜欢这位“肯听话”的主子呢？一是因为刘禅是嫡系，血统正宗，二是诸葛亮这个人的权力欲比较强，说好听点叫“事必躬亲，鞠躬尽瘁”，说难听点就是“大权在握，独断专行”，这从诸葛亮后来一意孤行北伐可以看出。当然，为了确保刘备“易世”之后政权交割不会出现问题，诸葛亮可谓煞费苦心。他一方面在不同场合为刘禅这个未来的国君造势。“智量甚大，过于所望”，诸葛亮不止一次在别人面前拍刘禅“马屁”。另一方面，诸葛亮积极怂恿刘备，以“封之侵陵达，又不救羽”为理由，除掉刘封。

因此，诸葛亮屡次在大庭广众之下猛拍刘禅“马屁”，除了情感因素外，可能还暗藏着个人的政治抱负。

酒桌上的江山，孙权的拿手好戏

曹操刘备孙权是三国时期魏蜀吴三方势力的最高领导人，论谋略、胆识应该在当时都堪称是出类拔萃。但是，如果把这三个人放在酒桌上，谁的酒量会最好呢?

首先我们先来研究一下曹操的酒量。曹操是个奸雄，但是奸雄未必酒量好。曹操有首很著名的诗歌《短歌行》这样写道:“对酒当歌，人生几何……何以解忧？唯有杜康。”可见曹操是会喝酒的，特别是在有情绪的时候更会喝上一两杯，但是曹操酒量如何呢？恐怕不算太好。曹操是个很有文采的人，“对酒当歌”实际上是个比较文雅的说法。其实诸如这样场景在大排档一般也能见到，就是一边喝酒一边大喊大叫，这明显是发酒疯的行为。后人有称曹操“白脸”，不知是不是因为他喝酒后脸色苍白的缘故。

说明曹操酒量不好的事例还有很多，比如曹操还曾经喝酒误事。事情发生在曹操打下了宛城的时候。一日操醉，退入寝所，私问左右曰:“此城中有妓女否?”曹安民密对曰:“有一妇人，生得十分美丽，即绣叔张济之妻也。”说的就是曹操这人一喝酒就犯迷糊，乘着酒兴玩女人，霸占了张绣的婶婶。张绣这人本来投降曹操就不太情愿，婶婶又被曹操占了便宜，心里肯定不太舒坦，于是开始寻思造反。是夜曹操于帐中与邹氏（张济之妻）饮酒，忽听帐外人言马嘶。操使人观之。回报是张绣军夜巡，操乃不疑。可见曹操一喝酒判断能力就急剧下降，连张绣这么明显的军事行动居然都没看出来。也正是因为曹操的贪杯好色，他最后折了一员大将典韦。

此外，有史料记载，曹操还颁布很严厉的《禁酒令》。为此，一代名士孔融因蔑视曹操的禁酒令，照样大喝特喝，后来被曹操找了借口给除掉了。可见曹操会喝酒，但不酗酒，当然这很可能跟他的酒量也有关系。曹操正是由于酒量不行，还被刘备给摆过一道。当时刘备还没发家，有段时间跟着曹操混。曹操这人比较多疑，生怕刘备将来成为自己的心腹之患，于是在邀刘备喝酒的时候试探他。这也即“青梅煮酒论英雄”的桥段。当时刘备借雷震之声将掉筷子的失态轻轻就给掩饰过去了，让曹操不再怀疑他有雄心。这说明当时刘备还很清醒，曹操估计是有点醉了，所以就被刘备硬生生给忽悠过去了。

可见，刘备这人的酒量肯定比曹操好。而且，刘备的酒量应该还和后天锻炼有关。当然，还要从刘备的拜把兄弟张飞说起。张飞个是豹头环眼、燕颔虎须的黑脸大汉。此人有个爱好，就是喝酒，而且还要别人陪着一起喝酒。如果别人不喝酒，张飞就会觉得不够朋友，按现在话讲就是“感情深一口闷”。张飞有个部下曹豹就是因为张飞敬酒时“养鱼”被暴打一顿。当初桃园结义的时候，拜玄德为兄，关羽次之，张飞为弟。祭罢天地，复宰牛设酒，就桃园中痛饮一醉。可见当时刘备没少喝，跟张飞“吹瓶”拼酒是肯定的。刘备心里清楚，跟张飞这样的粗人如果不拼了老命放开喝，人家不会死心塌地跟着你混。

刘备本着“感情铁喝出血”的信条，会喝酒、敢喝酒、能喝酒，但酒量究竟好到什么程度呢？其实充其量只能算“装”得还行。在攻打西川的时候，有次刘备打了胜仗，摆酒宴请将士。刘备乘着酒兴对庞统说：“今日之会，可谓乐矣。”庞统斥其“伐人之国而以为欢，非仁者之兵也”。时刘备已醉，怒道:“武王伐纣，前歌后舞，非仁者邪？卿言不当，宜速起出?”可见，刘备这人装了一辈子，最后在酒精面前还是原形毕露。

最后来说说孙权。孙权这人方颐大口，碧眼紫髯，一看就是能喝酒的人。事实上，孙权的酒量比曹操刘备确实有过之而无不及。《三国志·吴志·张昭传》记载:“权于武昌，临钓台饮酒大醉，使人以水洒重臣，曰：‘今日酣饮，惟醉堕台中乃当止耳。’”可想当时的场景是何等的HIGH。哪个不喝酒，孙权就让人往他身上泼水，一直要人喝到迷迷糊糊掉下台去方可罢休。孙权这已经不能定义为喝酒，完完全全是酗酒了。

孙权之所以敢酗酒，全依仗自己酒量好。按照现在说法可以称呼孙权为“千杯不醉”绝不为过。这里还有一例可作佐证。《三国志·吴志·虞翻传》记载:“权既为吴王，欢宴之末，自起行酒，翻伏地阳醉不持。权去，翻起坐，权于是大怒，手剑欲击之。”讲得就是某日孙权宴请百官，并且身体力行打通关。堂上几百来号人，孙权就这样一个一个干过去。敬到虞翻那里的时候，此人居然装醉，惹怒了孙权。不过话说回来，虞翻装醉说明孙权他们之前肯定已经喝了不少，这时候还敢打通关，说明孙权酒量确实厉害。

因此，如果当初曹、孙、刘三人是在酒桌上拼酒定江山的话，那估计偏安西蜀的应该就是曹操啦。

三国那些"官二代"

现在社会上流行一句话，叫做“男孩子穷着养，女孩子富着养”。所谓穷着养，就是不娇生惯养，这样的男孩长大以后才吃得起苦，有责任心，能成大事。而女孩富着养，多见点世面，才懂得保护自己，经得住诱惑，不会轻易被拐跑。虽说这话有些片面，但终究还是有几分道理。比如三国时期的孙权同志，打小就死了老爸老哥，孤儿寡母守着江东这个烂摊子没少受气，天天看着张昭这些遗老权臣的脸色，还要和号称有八十万大军的曹操周旋，最后居然硬生生逼着盛气凌人的曹阿瞒不得不感叹“生子当如孙仲谋”。

乱世枭雄曹操也是把生的几个儿子当“野孩子”养，行军打仗都放在身边，后来有个儿子甚至还因为替曹操嫖娼把风最后被人乱箭射成了刺猬。但也正是由于曹操对自己儿子“穷着养”，所以曹丕哥几个后来还相对比较有出息。和孙坚曹操相反的是，当时和他们争天下的不少军阀头子的家当恰恰就是毁在自己的宝贝儿子身上，比如说袁绍。

建安五年，也就是大概公元200年，大耳儿刘备背叛曹操，策应袁绍。曹操为除后患，果断领兵攻打刘备。此时，谋士田丰对袁绍说:“曹操东击刘备，一时不容易罢兵，明公如能举兵袭击他的后方，一定可以一往而胜。”可袁绍却说，宝贝孩子刚好生病，自己心烦意乱无法理政。这也难怪田丰气冲冲地用拐杖狠狠敲着地面大喊:“完了，没有希望了！千载难逢的时机，因为孩子有病就丢掉，可惜啊！”可见，袁家的小孩都是“富”着养，可结果如何呢，当袁绍这个“好”父亲一死，几个宝贝儿子就马上召开家族会议，忙着分家产，最后连袁绍辛辛苦苦攒下来的基业都被几个败家子拱手送给了曹操。

和袁绍下场一样的还有刘表。刘表是个文人军阀，文人当军阀是件很有意思的事，别人都在打打杀杀抢地盘，刘表好像当没自己什么事，天天和张隐、薛郁几个写文章的凑在一起吟诗作对喝花酒，而且还喝出了名堂，被时人称为“荆州八俊”。当然，没有太大野心也不是什么坏事，起码对老百姓而言，相对宽松的政治环境是有利于社会生产的。因此，在刘表坐镇荆州期间，可谓万里肃清，群民悦服。

可是，刘表这个文人军阀却在财产分配上做得不够聪明。刘表有两个儿子，大的叫刘琦小的叫刘琮。这个小儿子是后妻蔡氏所出，刘表对他特别宠爱，因而渐渐疏离了大儿子刘琦，这就是现在所说的“有妈的孩子是块宝，没妈的孩子是根草”。后来刘表一死，这个宝贝小儿子刘琮立马把整个荆州双手献给了当时最大的军阀头子曹操。刘表经营了数十年的地方政权就这样被曹操兵不血刃地接管了。

最后来说一下蜀汉政权的创立者刘备。刘备有个儿子，叫“阿斗”，名头很响，以至于很多人都忘了他的原名叫刘禅。刘备戎马半生，四十来岁才有了这么一个宝贝儿子，当然格外爱惜。后来刘备的“生意”慢慢做大，如何扶“阿斗”上位就成了刘备急需解决的问题。本来说这个“阿斗”是长子，取得继承权无可厚非，可是刘备偏偏此前认了个“干儿子”，叫刘封。刘封本姓寇，刘备投靠荆州刺史刘表后，暂住荆州。当时刘备尚未有儿子，于是便收养刘封做义子。这个刘封性格刚烈，武力过人，处事比较霸道，不太善于和人相处，这对于一心要扶“阿斗”上位的刘备来说，无异于一个“定时炸弹”。拜把兄弟关羽在世的时候就跟刘备讨论过这件事情，后来诸葛亮也向刘备友情提醒其中利害关系，说刘封“刚猛，易世之后终难制御”，怕他日后威胁到刘禅的地位，造成日后祸患，劝刘备要及时将其除掉，于是刘备这个狠心的“老爸”找个借口下令将其赐死。为了宝贝亲儿子不惜斩杀替自己卖命十几年的“干儿子”，看来刘备却是煞费苦心。无奈这个“阿斗”确实扶不起，刘备孔明相继归西后“家族生意”在刘禅的打理下可谓江河日下。也许，正因为刘备有过“大义灭亲”此等行径，所以世人也不免斗胆怀疑关羽之死，莫非也是刘备为稳固家族政权使得一招“借刀杀人”。

刘备的这个宝贝儿子一辈子庸庸碌碌，但到最后却还办了一件大事。当时司马昭已经接管了蜀汉政权，刘禅一家老小被押到洛阳，形势万分凶险，这时刘禅自导自演了一出“乐不思蜀”的好戏，终于保住了身家性命。可见，虽然刘禅牺牲了家族产业，但保存了整个家族的血脉，比起袁绍、刘表等的鸡飞蛋打，刘禅这一支其实也算是是个善终。

武圣的江湖艺名

在武侠世界里，有一个响亮的名头是相当有必要的。比如叫个独孤求败、任我行神马的，行走江湖绝对给力，估计没几个人敢动你。如若不幸爹妈没取好名字，叫个田伯光、林平之神马的，那这辈子运气好点充其量当个采花大盗或是吃软饭的，运气要是差点估计还有可能沦落被人阉割的命运。因此，在以前的冷兵器时代，名字好坏可能决定了一个人的人生轨迹，就连我们大名鼎鼎的武圣关羽，也是通过改名来翻盘自己的人生。

关羽，字云长。“关”，给人一种凝重孤傲的感觉；“云长”有点义薄云天、浩气长存的味道；“关羽”两字连起来更不得了，其威名极易让人同楚汉争雄时期的霸王项羽相提并论，可谓霸气十足、豪气冲天。人如其名，近两千年来，关羽更是红的一塌糊涂。其生前身为蜀汉开国元勋，位列五虎上将之首，锋芒甚至连曹操也要退避三舍；死后更是不得了，不仅在民间广受膜拜，又被历代朝廷接连褒封，被人奉为关圣帝君；此外，佛教称之为伽蓝菩萨，道教奉之为头号尊神，更有甚者，关羽居然还被商人推上了财神的位置。

尽管关羽的名头名贯古今，但这广为人知的“关云长”只是武圣的江湖艺名。那么，关羽的原名叫什么呢？

《三国演义》里有注解，关羽本字长生，河东解良人，祖籍河东解县宝池里下冯村。相传关羽十九岁那年，他从下冯村来到解州城，想求见郡守，陈述自己的报国之志。可是，郡守因他是无名之辈，拒不接见。确实也是，叫什么长生啦、闰土啦，一看就是没见过什么世面的人，拒不接见也是有道理的。可见，青年时期的关羽事业混的并不如意。

后来，解州有个叫吕熊的员外，勾结官宦，欺男霸女。有个叫韩守义的老汉，女儿让吕熊霸占后，气得叫天不应，呼地不灵。恰巧此事被关羽得知，关羽一时怒火中烧，提着宝剑闯进吕家，杀了吕熊一家。当然，关羽因此也成了朝廷通缉犯。

就在这个人生最危急的关口，关羽果断地给自己换了个名字，一来可以躲避官府的通缉，二来也许还可以转转运气。说来也是有趣，改名之后，关羽的事业不久就发生一百八十度的转向，从此顺风顺水，先后被刘备、曹操等人赏识，风头一时无两。

不过，很多人不知道，在这次逃避追捕的过程中，关羽不仅是“改名”，而且还“换姓”了。也就是说关羽原本不姓“关”。为何关羽不姓“关”？还是毛泽东道破天机。

新中国成立初期，毛泽东在杭州调研，一时兴起，问身边的同志：“关公姓什么？”同志们都犯糊涂了，说：“关公，明摆就是姓关了。”毛泽东笑着说：“错了，关公其实并不姓关。关公是指关为姓。”接着，毛泽东就讲起“关公指关为姓”的故事：关羽仗义杀人之后，打算出潼关，以甩掉官府的追捕。他日夜兼程，来到潼关时，还不到五更天，关门紧闭。他好不容易熬到开门的时候了，却又犯了愁。那时，官府有项规定，凡过关人都要登记。这可怎么办？千万不能报出自己的真实姓名，要露出马脚，那可不得了啊。眼看就轮到他了，他还没想出好办法。他心急如焚地望着这高大森严的关门，忽然来了灵感：“在关门前，我何不就说自己姓关呢？”这就是指关为姓的由来。

那么，关羽本为何姓？毛泽东卖了个关子笑而不语。恰巧历代史书上也无明确记载，民间当然莫衷一是，说法甚多，于是就成了一个悬案。戏曲选本《清音小集》“夜读《春秋》”一节说关羽本来姓冯名贤；而据民间传说改编的旧戏《斩熊虎》说关羽本姓胡。后因关羽从宋元以来，被封建统治者追封为王为帝。关羽在舞台上出场时，帝后都要避座，表示尊敬，久而久之，他的真实姓氏就此消失了。

试想,“关云长”倘若真叫“冯长生”或是“胡长生”，他的江湖号召力估计要逊掉了不少。

美女小乔其实是周瑜抢来的*小老婆*

三国是个英雄辈出的年代，英雄多了，难免就需要美女出来“应酬”。于是有了貂蝉，有了甄姬。只不过，一代美女貂蝉、甄姬们的下场终究过于惨淡，一位下嫁“三姓家奴”，最后无辜成了曹操手下战俘，芳踪难觅；一位许身给了负心汉，最后在残酷的宫廷斗争中被贬谪至死，香消玉碎。不过，三国里英雄美女的爱情故事也并非处处虐心，至少，另一大美人小乔和她的郎君周瑜的感情就被人乐道了千年。

诚然，美女般配英雄，不免就有文人骚客争相附会。苏东坡有首《赤壁怀古》是很有名的，里面就有描写他们俩婚姻状态的词句:“遥想公瑾当年，小乔初嫁了。”看得出来，周瑜小乔是一对羡煞世人的神仙眷侣。可不巧的是，苏东坡自己就是个粗心的文人，因为他连赤壁大战的地点都没搞清楚，就糊里糊涂发了一通感慨（苏东坡作词之地实非三国赤壁的主战场）。可以说，大文豪苏东坡穿着“跑偏”的裤子在错位的时空里做了一回很有名的文学意淫。

那么，历史上周瑜小乔的爱情故事真是如此浪漫吗？我们还是在比较严肃的《三国志》里缕一缕说法吧:“顷之，策欲取荆州，以瑜为中护军，领江夏太守，从攻皖，拔之。时得桥公两女，皆国色也。策自纳大桥，瑜纳小桥。”在这里，不得不佩服陈寿的文字功底，寥寥数语就把周瑜小乔的婚姻状况交代得一清二楚。“从攻皖，拔之。时得桥公两女，皆国色也”，可以看出当时协助军阀小头目孙策攻取宛城后，周瑜见小乔长得漂亮，便迎娶过门。说难听点，这颇有点压寨夫人的味道，你是小乔，你敢不嫁吗？既非青梅竹马，也非自由恋爱，周瑜小乔究竟有多深的感情基础，这还真不好说。

当然，对于小乔的境遇，为《三国志》做注的裴松之还有这样一段描述：“策从容戏瑜曰：桥公二女虽流离，得吾二人作婿，亦足为欢。”可以看出，孙策的言语里略带轻佻。当然，面对如花似玉的战利品，孙策得意是合乎常理的。这位军阀小头目的潜台词很简单：大小乔这两姐妹能得到我们哥俩的垂爱，已经是修了八辈子的福气了，要是被土匪流寇之流掠去，估计就成了残花败柳。依此看来，周瑜小乔谁在家庭里占主导的强势地位，也就十分明朗起来。

不过，更让人难堪的是“瑜纳小乔”。一个“纳”字，点明了来看小乔的身份可能只是小妾。当然，我们也可以做个简单推断：东汉男子早婚，平均婚龄是十五六岁。周瑜遇见小乔时已经年近三十，依周瑜这样的风流名望到了此般年纪还没娶正室几乎是不可能的。小乔既然是个小妾，家庭地位就不会太高。在当时一夫多妾制的冷兵器时代，姬妾是不能算作合法配偶的。妾在家庭中，虽然承担着生儿育女的义务，却享受不了“妻”的待遇，甚至不能参加家族的祭祀，其亲属根本不能列入丈夫家的姻亲之内，就连妾所生的子女，也必须认正式妻子为“嫡母”，而生身母亲却只能为“庶母”（这也正是军阀头子袁术为何一直看不起自己庶出的哥哥袁绍的原因）。

看来，周郎和小乔郎才女貌天造佳偶，也许只是民间一个美好的夙愿。如若寻个究竟，其实小乔只是周瑜抢来的小老婆罢了。

猛男吕布的垮台竟因乱戴“绿帽子”

三国时代好色的男人不少，可有趣的是，他们大多都成了英雄。比如我们熟知的曹操，就是一位“如假包换”的好色之徒。给人戴“绿帽子”，竟悄然成为曹操人生的最大乐趣，乐此不疲之余，半壁江山居然在不发一语间尽数揽入囊中。当然，在并不悠长的三国时代里，诸如曹操这般江山美人双丰收的人物毕竟不会太多，像三国猛将吕布就在其漫长的“逐色”生涯中渐渐“掉队”，最后成了一名阶下囚。

好吧，我们且来数落一下吕布的难堪，翻翻他的情色档案，看看这位名噪一时的猛男是如何在“美人乡”里一步步坠入深渊的。

卷宗一：给老板戴“绿帽子”导致个人信用“破产”

提起吕布的女人，我们就不得不想起貂蝉。对于这位颇为离奇的女人，史书上并没有太多的笔墨，譬如《三国志》里，也仅有寥寥数语的描述，“（吕布）私与（董卓）侍婢情通，益不自安”。其实，当时吕布的政治前途还是一片光明的，其老板兼干爹董卓同志已经基本控制了朝政。尽管关外总有一些异见人士“呛声”，但终究各自为营，实在折腾不出多大动静。可就在吕布风头正劲之时，他看上了董卓的婢女（也许就是貂蝉），并悄然发生了性关系。风流过后，吕布心里隐隐掠过一丝不安。吕布的异常，自然引起了老辣的司徒王允的注意。于是，这位老政客找来了吕布，三言两语攻破他的内心防线："给老板戴绿帽子，这可是死罪啊，与其坐以待毙，不如反了吧。"吕布一想也是，于是调转枪口瞄准了自己曾经的干爹。

可遗憾的是，此次源于情色纠纷、看似正义的倒戈，并没有让吕布挤出"事业线"。相反，事后没有捞到丝毫好处的吕布，甚至招来了"三姓家奴"的骂名，其反复无常的行径，更是导致了其个人信用的破产，也为后来殒命白门楼埋下了伏笔（刘备谓太祖曰："公不见丁原、董卓之事呼？"《三国志》）。

卷宗二：给部下批发"绿帽子"导致身败被擒

信用破产的吕布，终究要学会面对曹操的挑战。可惜的是，在深不可测的曹操面前，我们的这位"猛男兄"显得那么弱不禁风。更让吕布意想不到的是，自己的覆灭，竟然是由于部下的背叛。百思不得其解的吕布，跪在曹操面前，央求心理辅导。于是，这两位热衷给别人戴"绿帽子"的男人，展开了一段颇为玩味的对话。吕布问："曹丞相，我吕布虽然不是什么好人，但对待自己的部下那是掏心掏肺的，可为何他们却要背叛我呢？"看着一脸无辜的吕布，曹操笑着说："你这小子，总喜欢和手下的老婆玩暧昧。你想想，你玩他们的女人，他们自然有一天也要玩死你的。看来，你泡妞的功力尚浅啊，像我从来不玩自己人的女人，要玩就玩外人的，就算哪天玩出火来，还有自己人给挡把刀嘛。""看来，姜还是老的辣，出来泡，迟早是要还的。"吕布暗自叹了口气，也就不再申诉什么（"布谓太祖曰：'布待诸将厚也，诸将临急皆叛布耳。'太祖曰：'卿背妻，爱诸将妇，何以为厚？'布默然。"《英雄记》）。

卷宗三：怕被曹操戴“绿帽子”丧失逃生良机

其实，吕、曹两军对峙之时，吕布是曾有机会脱身的。可惜的是，吕布竟然因为害怕被曹操戴了“绿帽子”,“坚强”地放弃了逃生的机会。《后汉书》是这样记载的，吕布身陷曹操的包围圈，几近弹尽粮绝之际，决定放马一搏，只身突围，到袁术处寻求救兵。这也许是步可以起死回生的妙棋，可就在吕布打点行装，准备出发之时，妻子拉着他的手，坐在床边，说了一段意味深长的话:“将军，听说你要远行，只是恐怕军中事务，就要落入陈宫之手了。昔日曹操待陈宫不薄，他尚且弃之如履，如今城门危急，倘你不在，他若大开城门，曹操那厮可是风流情种，那我还会是你的女人吗?”看着清泪涟涟的爱妻，吕布心中忽然生出了“霸王别姬”的悲凉，闭上眼睛，眼前浮现一幕曹操坐拥爱妻把酒言欢的情景，长叹一声，遂断了突围的念头（“布妻曰：‘昔曹氏待公台如赤子，犹舍而归我。今将军厚公台不过于曹氏，而欲委全城，捐妻、子，孤军远出乎？若一旦有变，妾岂得为将军妻哉!’”《后汉书》)。

三国干爹干儿子的离奇暗战

中国人一贯有认干爹的习气（炫富女郭美美就有“王军”这样一个大款干爹），即便在英雄群起的三国时代，亦有不少人通过这种契约式人际关系，把个人事业做得风生水起，从而达到双赢的目的。当然，“做干爹”可不是一本万利的买卖，就有人把这个行当给搞砸了，比如说我们著名的董卓同志。

董卓有个干儿子，叫吕布，这是件众所周知的事情。《三国志》里也有相关记载：“（董卓）以布为骑都尉，甚爱信之，誓为父子。”董卓这人的发家，离不开西凉羌胡部落的支持（“尝游羌中，尽与诸豪帅相结。”《三国志》），因此和羌胡关系非同寻常。恰恰吕布也成长在胡汉杂处之地（今内蒙古包头），因此两人意气相同（或臭味相投），按照胡人风俗“誓为父子”就毫不奇怪了。

不过，真正使这两位人物站在一条战线上的，并不是因为投缘。《三国志》记载：“董卓入京都，将为乱，欲杀原，并其兵众，卓以布见信于原，诱布令杀原。”讲的就是董卓、丁原两军阋京城火拼。董卓为了赢下“同城德比”，于是付出高昂的“转会费”，策反吕布斩杀丁原，并趁势收编其部队。

不过，这种建立在利益之上的契约关系并没有董卓想的那样牢靠，过后不久，干儿子吕布为了抢干爹的女人，再度反水，手刃董卓。

不过，在三国时代董卓还不是最悲催的干爹，因为还有韩遂。这个韩遂，也是一位西凉军阀。由于山高皇帝远，韩遂势力就像一个不大不小的痔疮，让主张中央集权的曹操屁股坐得不太舒服。当然，韩遂也不是傻子，枪杆子出政权的道理还是知道的，因此曹操多次想收编他的部队，都未能得逞。韩遂还有一个“结拜”兄弟，叫马腾，就没那么聪明了，听说曹操重金招安，就屁颠屁颠地拖家带口到京城享福了。本来事情到此，也算相安无事，可未料马腾有个儿子，叫马超，一心寻思问鼎中原，于是不顾老爹死活，悄悄喊上韩遂一起谋反了。

对于这个历史细节，《魏略》上的描写很有意思：马超造反的时候，韩遂正在外面打仗，初始并不知情。等回到根据地一看，愕然发现马超竟然扯着他的旗号已经起兵了。这不是赶鸭子上架嘛，韩遂气急败坏，连忙前去质问马超。面对诘问，马超倒是不慌不忙递上一杯茶，道:“前钟司隶（钟繇）任超使取将军，关东人不可复信也。”意思就是；“魏国钟繇要我逮捕您，您说，这种背信弃义的事情我马某人干得出来吗？钟繇这个老东西是逼我跟他亮家伙嘛。”当然，韩遂是个精明人，马超的鬼话连篇怎能蒙得住他。见韩遂心存疑虑，马超索性一个跟头，跪拜在地上，说了一段惊天地、泣鬼神的经典语录。

马超的原话是这样的:“今超弃父，以将军为父；将军也当弃子（韩遂儿子在曹操处当人质），以超为子！”翻译过来白话就是:“我不要亲爹了，您就是我爹了；您也别要儿子了，我就是您儿子了！”天上掉下来这么一个英明神武的干儿子，韩遂这个干爹还真有点受用不起，可无奈已被“请君入瓮”了，谋反这条路，也只好硬着头皮走下去了。不过，虽然马超一口一个干爹叫的感天动地，可行起事来，却丝毫不留情面。潼关会战，韩、马联军一溃千里。马超气不打一处，全撒在干爹身上，于是两部火拼。从此，韩遂一蹶不振，为躲避曹操的追杀，常年蜗居羌中，惶惶终日。一世英雄最后落个如此凄凉晚景，实在让人蹉叹。

当然，像董卓、韩遂这样被干儿子算计的干爹终究是成了浮云，相反，能痛下杀手算计自己干儿子的干爹，事业则冲上云霄。比如，我们妇孺皆知的刘皇叔就是这么一位人物。刘备这人有个生理缺陷，就是不长胡子。按现代话讲，就是睾丸素分泌过少。因此，到了四十岁还没有儿子。中国人有养老送终的习俗，于是，刘备就收了荆州勇武少年寇封为义子，改名刘封（“以未有继嗣，养封为子。”《三国志》）。

认了刘封这个干儿子之后，刘备此前一直低迷的事业线开始转向，在卧龙岗请来了孔明，在赤壁击退了曹贼，在江东联姻了孙权，一步一步向自己的人生目标迈进（“先主少时，与宗中诸小儿于树下戏，言：吾必当乘此羽葆盖车（君临天下）。”《三国志》）。更让皇叔欣喜的是，在这十数年创业黄金时期，他的亲骨肉阿斗也呱呱落地，茁壮成长。可就当宝贝儿子即将行成年礼的时候，刘备集团却遭遇到了前所未有的大问题：亲信关羽北伐未果，同盟孙权背地使坏，随后关羽败走麦城被杀。心力交瘁的刘备（这时已过六旬），觉得是到权力交接班的时候了。刘封、刘禅（阿斗）之间，其实刘备心中早有定数。早在刘备称汉中王时，就册封了阿斗为王太子，可年长的干儿子刘封如何处置，这是个问题。

这些年来，刘封随刘备创业，可谓立下汗马功劳。如将他立为一方诸侯，易世之后又恐对阿斗政权造成威胁；将其贬为庶民吧，如若被对手曹操、孙权招安，后果不堪设想（其作为军队高官，掌握许多军事机密）。当然，刘备的心事逃不过诸葛亮的眼睛。于是，孔明在刘备耳边讲了一句悄悄话，“虑封刚猛，终难制御，因除之”，也就是要斩草除根的意思。深受正统思想影响的诸葛亮，为延续汉室正统血脉出此下策，尽管不太人性，但也没有太多非议的。

看到舆论导向正合心意，刘备终于决定痛下杀手。欲加之罪，何患无辞，于是刘备罗列了“侵陵孟达，又不救羽”（关羽北伐失败时刘封并未发兵，此后又逼反上庸重镇主将孟达）的罪名，将这个应该并无异心的干儿子收监。看得出来，刘备在罗织罪名上是下了工夫的。把关羽战败的责任全推到刘封身上，激起国民的愤恨，然后扮演大义灭亲的角色就容易得多。当然，行刑前刘备还不忘装腔作势一把，飚上几行眼泪，来了段“挥泪斩刘封”（“先主为之流涕。”《三国志》）。

只可怜了刘封这个忠心耿耿的干儿子，至死才看清楚干爹的真面目，长叹道:“恨不用孟子度（孟达）之言（孟达曾就刘封的处境说过‘乱祸之兴作，未曾不由废立之间也，知祸将至而留之，非智也’)!”可惜为时已晚，只落了个身首异处。

反贼魏延的“保护伞”竟是诸葛亮

魏延应该是三国时代颇具争议的一位人物。在名著《三国演义》中，这位勇武过人的名将，只是因为同顶头上司诸葛亮的北伐意见不合，最后被冠以谋反的罪名，落个诛夷九族的下场。那么，历史中魏延是否真如演义所言，身陷诸葛亮的黑手，落个身败名裂？如若翻阅史料，我们会发现，事实并非如此。

当然，我们还是先来了解一下魏延的个人履历：魏延早年只是刘备帐下的一名小兵，负责喂喂马、带带小孩之类的散事（这和演义里战文聘、斩韩玄的说法有些不同）。当然，不想当将军的士兵不是好士兵，魏延的理想绝不在于烧饭砍柴。后在，刘备部署入蜀战役，魏延觉得自己的机会来了，于是奋勇临阵，数有战功。这一切，自然被刘备看在眼里，不久，魏延就被提拔为牙门将军（一种较低级的军官编制）。

不久，刘备进位汉中王，政治军事中心将要迁到成都。这时候，需要一位独当一面的大将镇守军事重镇汉中，几乎所有的人都认为必定是张飞，张飞也以为必定是自己。刘备却破格拔魏延为都督，领汉中太守。让一位名不见经传的毛头小子担此边防重任，一时间舆论一片哗然。为了消除大家的误会，刘备特地开了一个记者招待会。会上，刘备问魏延："今委卿以重任，卿居之欲云何?" 延对曰："若曹操举天下而来，请为大王拒之；偏将十万之众至，请为大王吞之。" 这句话的意思是说："如果曹操亲自率全国之兵来攻打，我替大王（刘备）来抵挡他；如果是其他将领率十万兵马来攻打，我替大王消灭他。" 这次成功的媒体见面会，给魏延的公众形象大大加分。

从打杂小兵到镇守一方的军区司令员，魏延在短短数年之间就完成了自己事业的三级跳。当然，急剧地蹿红也使魏延的个人心态发生了微妙变化，权力如此唾手可得，魏延不禁有些飘飘然起来。不过，魏延的好日子并没有持续太久，随着"老板"刘备伐吴失败，身死白帝城，蜀国的实权人物，也由刘备变成了诸葛亮。

文人出身的诸葛亮，在魏延眼里无非是个学院派人物，按现在话讲就是"砖家"、"叫兽"之流。不过，诸葛亮毕竟是顶头上司，尽管心中不以为然，但也不太敢造次。可自诸葛亮之下的一干同僚，魏延可就丝毫不给面子了（"延性矜高，当时皆避下之。"《三国志》）。这时，刘琰撞到了枪口。这位刘琰同志，可是蜀汉政权的元老人物，早在刘备领豫州牧的时候，就已经随之南征北战（"先主在豫州，辟为从事"）。有趣的是，尽管久在军中，可刘琰同志却从不上阵杀敌，只是在后方做做心理辅导，搞搞文艺活动，丰富一下士兵的业余生活（相当于现在的文工团团长）。

对于刘琰这位文艺骨干，军旅出身的魏延是很有偏见的：军人的职责是杀敌，要跳舞回家跳去。有次刘琰在军中准备文艺节目，恰被魏延撞见。一个大男人领着一干女子成天在舞台上搔首弄姿，成何体统，魏延气不打一处，破口大骂。中国人是很讲究论资排辈的，一位政坛元老被一名后生面叱，肯定是很难下台。不久，刘琰就在诸葛亮面前参了魏延一本（"与魏延不和，言语虚诞"）。其实，魏延平时的霸道作风，诸葛亮是有耳闻的，但奈何蜀汉后期将星凋零，魏延又是个人才，因此一直未有问罪。刘琰的密本，让诸葛亮左右为难。权衡再三，诸葛亮觉得北伐在即，搞娱乐的应该让位搞军事的，于是给刘琰安了一个造谣的罪名，遣送回了成都（“亮责让之，于是遣琰还成都”）。

如此看来，正是有诸葛亮这把无形的幕后保护伞，魏延才得以躲过刘琰的“政治挑衅”。不过，魏延同志嚣张的气焰并未因此收敛，反而愈发目中无人，甚至连诸葛亮的秘书杨仪，竟也不能幸免。《三国志》有这样一段记载：“魏延与长史杨仪相憎恶，每至并坐争论，延或举刃拟仪。”虽然开军事会议并非要求一味地斯文端坐，但拿刀在别人头上晃，行为显然有些不妥。杨仪是文人出身的，“小宇宙”比较脆弱，经此恐吓，往往都是梨花带雨（“仪泣涕横集”）。每每遇此剑拔弩张情景，诸葛亮总会拉着委屈的杨仪，蹲在军营外的广场上喂一下午鸽子，不发一语，然后再回营吃饭，当没事发生过。

魏延若是只在刘琰、杨仪等一干文人面前耍耍横，那倒也就罢了，可他却把跋扈的作风带到了军队，这自然引来了军界同僚的不满，王平就是其中最大牌的一位。这位王平同志，是蜀汉后期少有的将才，马谡失街亭正是靠他的临危不乱，才使得北伐队伍不致溃不成军。更可怕的是，在他的手下，还掌管着蜀汉精锐特种部队“无当飞军”。恰王平这人又“性狭侵疑、为人自轻”（《三国志》），也就是性情狭隘，对轻视自己的人心怀怨恨。对于这样一位权重人物，魏延依然是我行我素，一副颐指气使的派头，王平苦于诸葛亮这把保护伞的庇护，也只能隐忍不发（后来杨仪能平息魏延的“叛乱”，正是得到军方王平的大力支持）。

更有意思的是，魏延的嚣张行径不仅在蜀汉军政两界引起“公愤”，甚至连远在东吴的孙权也忍不住插上两脚（在信息相对闭塞的冷兵器时代，魏延的离奇“事迹”居然风传到了东吴，可见官员意见之深）。有次，孙权宴请蜀汉的外交使节费祎，酒欢之余，忽然说了一段意味深长的话：“魏延，牧竖小人也。然既已任之，势不得轻，若一朝无诸葛亮，必为祸乱矣（《三国志》)。”孙权的话讲得相当有艺术：魏延是个祸害，应该尽早除之，不过，这是你们蜀汉的内政，我也就是借个酒兴说说罢了。当然，对于孙权的这通“酒后胡言”，诸葛亮又一次充当了魏延的保护伞，只是一笑了之，并未对其有所惩治。

但是，世界上没有一把万能的保护伞，在五丈原上诸葛亮终于大限将至。对于自己仙去之后魏延的命运，诸葛亮很是揪心。于是，他秘密地招来长史杨仪、司马费祎和护军姜维等人，开了一个通气会：你们几个赶快回去动员各部整装退兵，魏延同志负责断后，如果魏延不肯听命，就随他的便吧（这个语境有点类似当年毛泽东讲：天要下雨娘要嫁人，林彪如要叛变就随他去吧）。此外，诸葛亮还担心个性偏激的杨仪事后会对魏延进行政治清算，于是飞鸽传书给成都的后主：退军之后剥杨仪军政权力，命温和派领袖费祎掌管政府事务（“亮平生密指，以仪性狷狭，意在蒋琬为尚书令，仪拜为中军师，无所统领”）。

可以看出，充当保护伞的诸葛亮为保存魏延，可谓设下重重机关。如果事情顺着诸葛亮的安排，魏延也许会得到善终的。可是，诸葛亮陨落五丈原后，愚蠢的魏延天真地认为自己展示才华的机会来了，居然打着北伐的旗号胡来。殊不知，他最大的靠山已经倒了，没有诸葛亮从中周旋，杨仪、王平终于开始秋后算账，一刀拔了魏延这个“眼中钉”。

三国居然暗藏古惑仔版《隆中对》

诸葛亮是中国古代史上一位举足轻重的人物。他的历史地位，正如杜甫律诗所描述的那样:“诸葛大名垂宇宙。”因此，历代帝王将相、文人骚客总喜欢在自己的诗赋里“景仰”诸葛丞相一把，以彰显自己的品味。

当然，这位万人膜拜的智者，他的开山之作《隆中对》就有着大师级水准:“今操已拥百万之众，挟天子而令诸侯，此诚不可与争锋。孙权据有江东，已历三世，国险而民附，贤能为之用，此可以为援而不可图也。荆州北据汉沔，利尽南海，东连吴会，西通巴蜀，此用武之国，而其主不能守，此殆天所以资将军……”行云流水一般给力的真知灼见可谓“字字惊心”，为当时处于人生迷茫期的中年刘备指明了一条光明的“革命”道路。从此，刘备这个“贴牌”皇叔和他那个濒临破产的“贴牌”公司命运发生了一百八十度逆转，并在诸葛亮的“包装”下顺利“重组”并成功“上市”。

不出草庐而知天下三分，诸葛亮被套上神话外衣当然也成了顺理成章的事。不过很可惜，这个《隆中对》的版权其实并非诸葛亮独有，确切点讲，诸葛亮只能算是第三作者。因为，在他之前，早有两人提过相似的理论。其中一位，叫做甘宁。

我们先来了解一下甘宁。甘宁，字兴霸。甘兴霸，好一个霸气外露的名字，人如其名，“少有气力，好游侠”（《三国志》），经常呼朋引类，召集一帮“愤怒的小鸟”招摇过市。“腰悬铜铃，人听铃声，尽皆避之”，这有点像午夜街头那些叼根烟、吹着口哨的小混混。遇到个路人，对方态度好就交朋友递根烟抽，倘若话不投机，那就抢完东西再赠送拳头“套餐”一份。甘宁同志的做派，有点酷似《古惑仔》里的“山鸡哥”。

当然，人在江湖漂，哪能不挨刀。一直在道上混，绝对不是长久之计，没准哪天就会在汉末军阀们的“打黑风暴”中锒铛入狱。为了给自己披上一件合法马甲，甘宁来到江东找到了孙权，寻求政治庇护。作为见面礼，我们的这位“山鸡哥”给孙权递上了自己为东吴量身定做的军事规划：“今日汉祚日微，曹操弥憍，终为篡盗。南荆之地，山陵形便，江川流通，诚是国之西势也。至尊当早规之，不可后操。图之之计，宜先取黄祖。一破祖军，鼓行而西，西据楚关，大势弥广，即可渐规巴、蜀（《三国志》）。”可以看出，我们这位甘宁人品不行，打架还行。通篇文稿思路清晰，要点明确：先取黄祖，进图刘表，再向西占据楚关，并吞巴蜀刘璋。不过，由于当时北方的曹操正在秣马厉兵，随时准备挥师南下，孙权自身都是泥菩萨过江，而刘表正是自己阻挡曹军的屏障。权衡利害关系后，孙权对于甘宁这个颇有见地的军事建议未置可否。

尽管孙权暂时把甘宁的这个军事计划搁在一边，但对于这个大胆的“隆中对”，孙权还是有印象的。因为就在数年前，孙权刚刚入主江东的时候，就有人对他提过此事。有趣的是，上表的人也曾是一名古惑仔，他的名字叫鲁肃。

人们对于鲁肃的印象大多来自《三国演义》。这个经常被孔明、周瑜两个“智力流”高人戏弄于股掌之间的老实人，又怎会是个古惑仔呢？好吧，还是让我们搬出《吴书》来重新审读一下这位老好人：“肃体貌魁奇，少有壮节”，从个人形象上看，鲁肃应该是个身材魁梧、身背六块腹肌的硬汉（或许还有一两处文身），绝非文绉绉、整日“之乎者也”的文弱书生；“天下将乱，乃学击剑骑射，招聚少年，给其衣食，往来南山中射猎，阴相部勒，讲武习兵”，讲的就是由于有点家族产业，鲁肃闲来无事就会召集乡里的一帮失业青年，自己组了个“社团”，成天遛狗打猎把把马子什么的。当然，比起甘宁那伙还处于古惑仔初级阶段，只懂打家劫舍的小混混，鲁肃的品味还是要高出许多，“讲武习兵”，表明了鲁肃要立志做个有文化的高级“流氓”的决心。流氓不可怕，就怕流氓有文化，看来，聪明人鲁肃早就认识到这一点。

可就在鲁肃专心经营他的社团的时候，发生了一件很有趣的插曲：某日，江东军阀周瑜领兵恰巧经过这里，看见鲁肃的社团经营的风生水起，于是心生他念，想要索取点“保护费”。胆敢在自家的地盘上撒野，鲁肃的马仔们当然不愿意啦，气氛一时剑拔弩张。这时候，鲁肃出来打圆场了：“兄弟们，大家都是中国人，咱们中国人不打中国人，远道而来的朋友们，我这里有两仓库的粮食，你们随便拿。谁不拿就不当我鲁肃是朋友（‘周瑜为居巢长，将数百人故过候肃，并求资粮。肃家有两囷米，各三千斛，肃乃指一囷与周瑜。’《三国志》）！”要知道，汉末粮食何其珍贵，为争抢粮食，甚至还出现了人吃人的怪相。自家的孩子都还处在“希望工程”之中，还要给别人人道“援助”，父老乡亲们看不下眼，觉得鲁肃这事做得太离谱了，纷纷谴责道：“鲁氏世衰，乃生此狂儿（《吴书》）！”

不过，正是由于这次友好“公关”，给鲁肃树立了良好的“国际形象”。后来经周瑜引荐，鲁肃见到了江东首席军阀头子孙权。孙权也很给周瑜面子，对鲁肃很器重。这时候，有个人不愿意了，这人名叫张昭。这个张昭，就是后来赤壁峰会上那个投降派领袖，他认为鲁肃是古惑仔出身，不懂礼仪规矩，讲话没大没小，不可重用（“肃谦下不足，颇訾毁之，年少粗疏，未可用。”《三国志》）。面对诘难，孙权微微一笑，拉过张昭的手来：“先生，请看！”

原来，孙权要给张昭看的，恰是鲁肃先前写的一份军事策划。里面内容是这样的:“肃窃料之，汉室不可复兴，曹操不可卒除。为将军计，唯有鼎足江东，以观天下之衅。规模如此，亦自无嫌。何者？北方诚多务也。因其多务，剿除黄祖，进伐刘表，竟长江所极，据而有之，然后建号帝王以图天下，此高帝之业也（《三国志》）。”可以看出，鲁肃认为曹操争夺天下已经掌握了先机，因此，奉劝孙权不要和他“血拼”，应该趁曹操巩固北方势力的时候，专心发展南方，并提出了四步“攻略”：鼎足江东、据扬取荆、兼并益州（尽长江所极）、徐图天下。区区古惑仔居然有如此高见，只看得张昭哑口无言。这时候，孙权亲切地拍了拍张昭的肩膀道:“鲁肃这小子，真不知天高地厚啊，居然要我称帝（建号帝王以图天下）。其实啊，我平生之志，只想尽自己的菲薄之力，竭力匡扶汉室罢了（‘今尽力一方，冀以辅汉耳，此言非所及也。’《三国志》）。”看来，孙权同后来的妹夫刘备果然是一路人，实有问鼎之心，却还要立个贞节牌坊。

由此可见，无论是甘宁还是鲁肃，同诸葛亮的出山神作《隆中对》都有异曲同工之处。当然，汉末没有“贴吧”，也没有“微博”，更没有“军事论坛”，因此尽管鲁肃、甘宁出谋在先，但诸葛亮抄袭其创意几乎是不可能的（何况，汉朝在学术研究上绝无当今的拷贝剽窃腐败风气）。因此，我们只能不禁感叹：天下能人伯仲间，英雄所见略同也。

第3章

三国还可以再情色一点

当曹操还在因为寡妇们的几张艳照，窝在家里遭遇老婆冷暴力的时候，有三个痴情男人已经各自演绎了惊天地、泣鬼神的旷世之恋。当三国英雄们乐此不疲地竞相宽衣解带，投入情色的怀抱，终有一人，搬张小板凳，淡定地坐在一旁冷眼旁观。此人正是赵云。

曹操和寡妇们的“艳照门”

相对于刘皇叔的“犹抱琵琶半遮面”，曹操的性生活就要“粗放”的多。值得一提的是，曹操在情感上还是很专一的，因为，他自始至终只对女人感兴趣。在曹操的戎马一生里，史料有记载的有名有姓的妻妾就达十五位之多。

有趣的是，曹操在性要求上还有个小癖好，就是尤其热衷熟女。这个习惯，在他青春期时就已经存在（这在《愤怒的小鸟》一文就有提及）。《三国志》也有记载，他的多名妻妾均是“猎获”别人的妻子而来。譬如，刘夫人曾是袁绍之妻，杜夫人是吕布部将秦宜禄之妻，尹夫人是李膺之妻。用现在话讲，曹操就是个不折不扣的“人妻控”。

上别人老婆的床，尽管刺激，但还是有风险的。毕竟，并不是每个男人都像杜夫人的老公秦宜禄那么好欺负（秦宜禄被曹操戴了“绿帽子”，还死心塌地地在其手下打工，后来张飞看不起他的为人，一枪把他刺死了）。终于，好色的曹操栽了，而且，还栽得挺惨。

事情的经过大致是这样的：

建安二年（197年）初，曹操出兵宛城，攻打当地的土皇帝张绣。张绣做的是“小本买卖”，顶不住曹军的猛攻，只好投降。可曹操这人有个毛病，就是得点便宜就开始抽风，于是忘乎所以地打起了张绣寡居的婶婶的主意。张绣的这位婶婶，也确实美貌丰润，秀色动人，颇有少妇风韵，曹操自然是神魂颠倒。仗着自己是胜利者，曹操把她据为己有，通宵达旦在帐内淫乱。

本来偷情这事偷偷摸摸也就算了，可曹操是个性情中人，偏要搞得让全世界都知道他俩通奸。面对如此明目张胆的“艳照门”事件，张绣可就不愿意了。一个堂堂七尺男儿，长辈被人侮辱，这比戴了“绿帽子”还让人郁闷，更何况，张绣投降曹操实属无奈。愤恨之余，他率军夜袭曹操大营。当时曹操正忙着和张绣婶婶对酒淫欢，没有一点防备，当然被杀得丢盔卸甲，一路狼狈跑到舞阴（河南泌阳）这个地方才喘了口气。

这次失败，曹操损失不小，自己的亲兵队长典韦战死，长子曹昂、侄子曹安民也命丧乱兵之中，就连曹操本人也中了一箭。而曹操之所以能够侥幸逃脱，还是多亏了曹昂让给他的一匹好马“绝影”。俗话说得好，失败是成功他妈，失败对于厚脸皮的曹操来说或许只是一个不足挂齿的小问题，可曹操的老婆丁夫人是曹昂他妈，眼见自己含辛茹苦培养的宝贝儿子居然死于老公的“艳照门”事件。由此，他俩的婚姻开始出现裂缝。

确切点讲，丁夫人只是曹昂的后妈。出身平民家庭的丁夫人在很小的时候就跟着老公曹操打天下，是曹操的第一任合法妻子。可遗憾的是，丁夫人婚后一直没有生育，按现在话讲就是有不孕症。这如果在现在，也许是个小问题，只要到电视广告里“万能”的妇科医院做个输卵管手术就可以解决了。但在当时，也许只有领养这条路可以走。恰巧曹操的小妾刘夫人不幸去世，丁夫人就把她的遗孤曹昂领养过来，视若己出，报以极大的希望。

本来夫妻之间出现裂痕，随着时间的流逝或许会有所缓和。可不巧的是，官渡之战前，张绣在谋士贾诩的建议下，向曹操投诚。这个时候的曹操正是用人之际，对张绣既往不咎，封为扬武将军。不管是大度也好，作秀也好，作为政治家的曹操这个笼络人心的举动无疑是明智的。可作为母亲的丁夫人，眼睁睁地看着老公和杀子仇人上演亲密无间的“合照门”，悲愤的情绪终于决堤了。她指着曹操鼻子大骂：“将我儿杀之，都不复念。”翻译成今天的话就是你害死了我儿子，连一点的思念自责之意都没有！看来，抑郁悲伤使这位贤妻良母提早步入了更年期。她白天骂，晚上骂，人前骂，人后骂，厚脸皮的曹操终于受不了了，把这个难缠的“泼妇”打发回了娘家。

曹操原本只想把这段感情暂时冷处理一下，毕竟，距离产生美。可是曹操错了，倔强的丁夫人自迈出曹府那一刻起，就再也没有回来过。既然老婆不肯低头认错，那就自己委曲求全地摆个低姿态吧，曹操在两地分居多日之后终于做了个艰难的决定，低声下气地跑到老丈人家接人。哪知道丁夫人坐在屋里只顾纺纱织布，并未出去迎接曹操。没办法，曹操只有自己请自己进屋了，一边抚着她的背一边细声和气地央求道：“你就念念旧情，同我返回王宫吧！”可是，曹操的苦情戏对于丁夫人一点效果都没有。

如此三番五次，执著的曹操也不由心灰意冷，只好失望地离开。就在上马的一刻，曹操忽然再次走到窗外，再次请求丁夫人回心转意：“真的再也不肯原谅我了吗？”丁夫人仍然置若罔闻，手里的梭子一线不错地照织不误。看此情形，曹操长叹一声：“看来真是下了决心与我分手了。”如此想来，丁夫人的面子要比仅仅三顾茅庐就草草出山的诸葛亮大了许多。

回到府中，曹操觉得既然婚姻无以为继，就别耽误了人家，于是传话给老丈人，任凭丁夫人改嫁他人。看来，曹操果然是个有意思的人，给别人戴“绿帽子”或者被别人戴“绿帽子”对他来说都是一种享受。可惜的是，丁家的父兄却不敢领曹操的情，始终没有让丁夫人改嫁出去。

对于这次由“艳照门”、“合照门”引发的离婚事件，曹操一直是耿耿于怀的。即便在耄耋之年，曹操回想自己的一生，仍然不禁叹息道：“我这一生最放不下的人就是丁夫人，对她始终未曾当真负心，可是做错了事却难以挽回以致决裂。假如人死后当真有灵魂，我在阴世里遇到昂儿，如果他问我：‘我的母亲在哪里?’我该如何回答呢?”

看来，好色的曹操内心深处依然有柔软的一面。

诸葛亮竟是好色之徒

翻阅史料是很有意思的，翻久了，竟然发现一件极其有趣的事情：原来，大名鼎鼎的卧龙先生诸葛亮居然是个好色之徒。

众所周知，诸葛亮不仅才智过人，而且德满天下。“非淡泊无以明志，非宁静无以致远”的生活态度被无数文人骚客奉为人生信条，“鞠躬尽瘁，死而后已”的人格魅力更是被历代封建统治者奉为典范。最难能可贵的是，在古代普遍奉行三妻四妾的大风气下，身为一国丞相的诸葛亮，对他的糟糠之妻黄月英始终不离不弃，绝对堪称男人楷模。可为何说，如此高风亮节为人们交口称颂的“道德偶像”会是个好色之徒？原来，问题出在孔明的老婆身上。

诸葛亮的老婆黄月英，又名黄硕，人如其名，身体壮硕，黄头发，黑皮肤，皮肤上起一些鸡皮疙瘩，是当时相当出名的丑女。当年，黄月英的父亲，河南名士黄承彦听说诸葛亮尚未成家，于是自己找上门来问诸葛亮：“闻君择妇，身有丑女，黄头黑发，而才堪相配。”诸葛亮立即许之，一门亲事就这般定了下来。一个被广泛看好的帅哥居然娶了个丑女，当时的社会舆论一时半会还接受不了，一些失落的好事女子甚至在民间编造童谣

“莫作孔明择妇，正得阿承丑女”，以此诋毁黄月英。不过面对流言飞语，诸葛亮和黄月英倒是相当淡定，夫妻生活近三十年，相濡以沫，基本没有闹过什么绯闻，夫唱妇随，可谓其乐融融。

在外人看来，对丑妻从一而终的诸葛亮，绝对是一个模范丈夫。殊不知，在其道貌岸然的外表下，内心世界却是相当的复杂，按现在话讲，就是极度“闷骚”。而窥见诸葛亮内心不为人知阴暗面的，不是别人，正是历史上著名的大帅哥宋玉。

这个宋玉，相传是大文学家屈原的弟子，战国时期楚国人。按理说，早生于诸葛亮数百年的宋玉，应该和孔明扯不上什么关系。可问题在于，宋玉这人喜欢吟诗作赋，而且在心理学上还颇有研究，时不时还鼓捣出一些怪理论，这有点像现代的性格色彩分析师，就是类似当红相亲节目《非诚勿扰》里的嘉宾乐嘉那种。

有一次，大夫登徒子在楚王面前说宋玉好色。哪个帅哥不风流，这也很好理解。可宋玉也非等闲之辈，反参了登徒子一本说，自己东边邻居有一个女子，容貌姣好，身材适度，全身上下没有一处不美，许多人都为她着迷。这个女子常常攀登墙头来偷看他，已经整整三年，但他至今都还没有接受她。而登徒子的妻子“蓬头挛耳，只唇历齿，旁行踽偻，又疥且痔。登徒子悦之，使有五子。王孰察之，谁为好色者矣”。按现代话文明点说，就是头发散乱，耳朵歪斜卷曲，嘴唇缺裂，牙齿稀疏，弯腰驼背，身上还有比较严重的疾病，登徒子却很喜欢她，还和她生了五个孩子。登徒子连丑女都不放过，这样一比较，就可以很清楚地明白是谁好色了。“好一个连丑女都不肯放过”，宋玉这套颇为惊艳的“行为心理学理论”就是被后世所广为传诵的《登徒子好色赋》，而我们可怜的登徒子，就这样无辜地就被后人用来形容贪恋女色的代表人物。

只不过，如若依照宋大官人的逻辑，我们的“道德标兵”诸葛丞相岂不也正是一个不折不扣的好色之徒?

三国居然流行裸体艺术

中国的教育很奇怪：女大学生穿的像小姐，小姐穿的像女大学生。走“一脱成名”的路线，更成为不少“单纯”的少女们当做迈入娱乐圈最便捷的敲门砖。也许，苏紫紫的衣服还没穿上，电脑前已经有若干少女们迫不及待地开始“轻解衣裳”，期待着幸运的鸭蛋能够砸在自己脑门上。当然，如果要追溯当下盛行的“裸体艺术”的渊源，或许，我们可以从神奇的三国时代寻到点端倪。

不过，三国时代最早推广“裸体艺术”的却不是女人，而是个地地道道的“纯爷们”，这个人的名字叫祢衡。当年，曹操大宴宾客，令当时的名士祢衡挝鼓作乐。这有点像现在企业家在年会上都会请几个小明星表演助兴的味道。表演过半，怎知这个祢衡情绪居然HIGH到极点，当着满堂宾客的面脱下衣服，裸体而立，浑身皆露。“坐客掩面，衡乃徐徐着裤，颜色不改，复击鼓三挝”。不过，祢衡的这次“全裸出镜”并没有为自己赢得满堂喝彩，反而引来杀身之祸。看来，男女终究有别，同样为“艺术献身”，祢衡同志和苏紫紫小姐的境遇真是大相径庭。

可奇怪的是，尽管祢衡搞砸了这场“脱衣秀”，但“裸体艺术”在当时文化人的圈子里却有愈演愈烈之势。“竹林七贤”之一的阮籍，经常“露头散发，裸袒箕踞”，受他的影响，不少贵族子弟竞相模仿，“其后贵游子弟阮瞻、王澄、谢鲲、胡毋辅之之徒，皆祖述于阮籍，谓得大道之本”。在这些“裸体爱好者”中，不少后来还成了“国家公务员”，例如，王澄曾做过荆州刺史，胡毋辅之也做过湘州刺史。阮籍的死党，同为“竹林七贤”的刘伶，也是个“裸体艺术”的忠实粉丝。刘伶在家里喜欢脱光了衣服饮酒，客人进屋找他，他总是赤裸坦诚相待。看来，阮籍、刘伶等人，不仅继承了祢衡的裸体理念，而且还很好地进行了发扬光大，使其在当时文人圈里风靡一时。

不过，“艺术”绝不仅仅是只有文人才玩得起的，三国时代的一些武夫也同样能够时尚地“裸上一把”。例如大名鼎鼎的许褚就是其中一位。在那场著名的潼关之战中，许褚拍马舞刀，马超挺枪接战，斗了一百余合胜负不分。许褚性起，飞回阵中，卸了盔甲，浑身筋突，赤体提刀，翻身上马，来与马超决战。后来，马超私下对韩遂说：“吾见恶战者莫如许褚，真虎痴也。”看来，许褚真是“一脱成名”，直接奠定了在三国时代“TOP10”极品武将的地位。当然，不仅是单挑，三国时代的武夫们在战场“群殴”的时候也不忘秀点身材，《三国演义》在刘备陆逊两军对峙于夷陵时就有这样一段描写：刘备部将吴班引兵到关前搦战，耀武扬威，辱骂不绝，多有解衣卸甲，赤身裸体，或睡或坐。可以看出，行军闲暇时间，士兵们也喜欢在公众场所聚众玩“裸体艺术”亮肌肉。

看来，在三国时代，如果你没有点“胸大肌”，还是别去参军打仗了，不然会很丢人。

三国也有“天上人间”

众所周知，曾被查封的北京“天上人间”是一个名流富豪聚集的场所。场内消费昂贵，服务设施豪华，更有众多的绝色美女服务生环抱四周，声色犬马，可见一斑。当然，在充满了神奇色彩的三国时代，也不乏诸如“天上人间”这般香艳场所。比如，大名鼎鼎的铜雀台就能算得上一个。

当年，曹操“挟天子以令诸侯”，志满踌躇，海内震惊，并把大部队开到长江边上搞“军演”，要和孙权“会猎”于江东。对此，孙权深感忧虑，如坐针毡。

当时作为刘备派到江东的使者，诸葛亮深知如要成功促使“孙刘结盟”，周瑜是个极其重要的人物。于是诸葛亮私下找周瑜泡茶，说：“亮居隆中时，即闻操于漳河新造一台，名曰铜雀，极其壮丽；广选天下美女以实其中。操本好色之徒，久闻江东乔公有二女，长曰大乔，次曰小乔，有沉鱼落雁之容，闭月羞花之貌。操曾发誓曰：吾一愿扫平四海，以成帝业；一愿得江东二乔，置之铜雀台，以乐晚年，虽死无恨矣。今虽引百万之众，虎视江南，其实为此二女也。将军何不去寻乔公，以千金买此二女，差人送与曹操，操得二女，称心满意，必班师矣。此范蠡献西施之计，何不速为之？"

这还不算，诸葛亮还煽风点火朗诵了曹植的名篇《铜雀台赋》，"……立双台于左右兮，有玉龙与金凤。揽二乔于东南兮，乐朝夕之与共……"激得周瑜暴跳如雷，发誓要和曹贼势不两立。

当然，说铜雀台是曹操"金屋藏娇"的场所其实也并非空穴来风，曹操这人确实也是个地地道道的好色之徒。《世说新语》就有记载，魏武少时，尝与袁绍好为游侠。观人新婚，因潜入主人园中，夜叫呼云："有偷儿贼！"青庐中人皆出观，魏武乃入，抽刃劫新妇，与绍还出。失道，坠枳棘中。可见，曹操天性风流，少年时候就已经拉着"江湖兄弟"袁绍一起"偷窥"别人行房，还差点被人抓住。

后来曹操起兵逐鹿中原，攻占宛城。一日操醉，退入寝所，私问左右曰："此城中有妓女否？"可见，曹操的性生活确实丰富多彩，只不过，后来曹操居然石破天惊地"嫖"到降将张绣的婶婶身上，引发张绣的疯狂反扑，结果害的曹操折了长子曹昂和大将典韦，代价实在不小。

由此可见，曹操的好色确实是出名的。这也难怪唐代著名诗人杜牧在《赤壁》中就有这样的诗句"东风不与周郎便，铜雀春深锁二乔"，为"铜雀台"这个三国时期享有盛名的"天上人间"标上一个很有诗意的香艳注脚。

如果说铜雀台还有几分浪漫主义色彩的话，那接下来介绍的这个"天上人间"却是实实在在的荒淫至极。

这个"会所"的老板名叫董卓，一个臭名昭著的流氓军人。此人借诛杀宦官之名引军入首都洛阳，私自侵占"国有资产"，祸乱朝纲，自为相国，废立皇帝，凶暴淫乱。更奴役"农民工"二十五万人筑建"私人会所"，规模更是令人咂舌，其城郭高下厚薄一如长安，内盖宫室，仓库囤积二十年粮食，选民间少年美女八百人实其中，金玉、彩帛、珍珠堆积不知其数，家属都住在内，美其名曰"郿坞"。

面对这个穷极奢华的作品，董卓十分得意:“事成，雄踞天下；不成，守此足以终老。”只可惜，董卓这个如意算盘并没有打好。后来，董卓和得力干将“保安队长”吕布为了“头牌”貂蝉，在包厢“凤仪亭”发生纠纷。吕布一不做二不休，干脆向“有关部门”举报，并在司徒王允等“领导”的牵头下发动“打黑扫黄”风暴，以迅雷不及掩耳之势把这个曾经风生水起的“天上人间”给取缔了，而董卓本人也在这场“打黑扫黄”中身首异处。

三国性事之王

基因是会遗传的，这在曹操身上得到了很好的体现。曹操好色，没想到他的儿子曹丕还要更胜一筹。长江后浪推前浪，亲生儿子和老爹抢女人，这是曹操自己始料未及的。也许，我们只能寻这样一个托词：曹操两父子的骨子里有着文人的一面，文人嘛，风流倜傥痴傻癫狂是难免的。

曹丕的第一任妻子在历史上是很有名的，她的名字叫甄宓。不过，曹丕不是甄宓的初婚，这个女子的初夜权早被另一个"官二代"袁熙给占有了。这个袁熙，就是门第显赫的袁绍家的二公子。很可惜的是，袁熙的桃花运并没有享受多久，他的老爹就在和曹操抢地盘中输光了老底。

当年，曹操大破袁绍的老巢邺城，还处于青春期的曹丕就打好了主意，定要赶到父亲前面去见识一下甄宓这位神仙姐姐，所以一进城便直奔袁家府第。甄宓是个聪明人，特意化了个失败的烟熏妆，蓬发垢面伺机潜行去寻她那只顾自己逃命的丈夫。曹丕不愧是曹操的儿子，总能透过现象看本质。他顾揽发髻，以巾拭面之后，发现甄宓果然姿貌绝伦，于是欣喜地把她带回营地，请求老爹曹操给他俩证婚。据说，曹操初见甄宓时也惊为天人。尽管曹操好色，但也是个有分寸的人，既然木已成舟，只得做个顺水人情，把甄氏正式赐给曹丕。

抢别人老婆毕竟不算一件光彩的事情，“曹丕抢亲”在当时还闹得挺轰动的。有个叫孔融的大学问家甚至借此拐弯抹角地编排曹操父子。他给曹操的信中写道：“武王伐纣，以妲己赐周公（周武王灭了纣王，将其宠妾妲己赏赐给了周公）。”曹操看了后，颇为好奇，心想这个典故居然自己不知道，就赶紧翻书，结果当然一无所获。曹操以为孔融研究过谁家的绝对隐私，居然考出这样石破天惊的高论，于是就虚心请教孔融，得到的回答是：“以眼前的事猜度，想当然耳（就眼前曹丕抢亲这件事推测，我想应该是如此吧）。”

不过，曹丕比他爹曹操多情，也比他爹寡情。曹丕这位结发妻子甄宓，最后竟然被他活活逼死（曹操好歹对自己的结发之妻丁夫人念念不忘）。甄宓固然漂亮，但也经不起岁月的摧残，况且，甄宓比曹丕大了整整五岁。姐弟恋的弊端终于随着甄宓的年老色衰渐渐冒出头来，好色的曹丕宠上了新欢——大美女郭女王。这个郭女王，为了争夺皇后地位，使用了些小手段，挑拨曹丕与甄宓的恩爱关系。她利用甄宓儿子曹叡早产，出生时不足月的情况，诬称甄宓在嫁与曹丕前已有孕在身。甄宓本来就是别人的老婆，曹丕真的怀疑曹叡可能不是自己的种，亲自质问甄宓这是怎么一回事情。甄宓因为年老失宠，心中颇有怨气，难免有些出言不逊。可惜的是，在那个男权时代，争吵的最后结果只能是甄宓被赐死。

曹丕不念旧恩，寡情至此，实在让人寒心。更让人叹为观止的是，曹丕不仅要和老爹抢老婆，还要抢老爹的老婆。我们来看一下曹丕这极其大胆而且富有想象力的前卫举动的来龙去脉吧：当时，曹丕生病，身为慈母的卞太后前去探望，掀起门帘一看，曹丕床前侧立着的女子竟然都是曹操生前的宫妃。卞太后十分惊讶，问曹丕这些妃子是何时召来的。曹丕倒也干脆，称在父亲刚死后就召来了。面对儿子如此荒诞的乱伦行径，卞太后气得大骂曹丕：“你这样做，死了连狗鼠都不吃你！”

不过，在三国时代还有比曹丕更加好色的男人，这人的名字叫做钟繇。这个钟繇，书法上的造诣极高，据传是楷书（小楷）的创始人，同晋代书法家王羲之一起被后人并称为“钟王”。为何说这样一个书法大家是好色之徒呢？这还要从钟繇的宝贝儿子钟会说起。钟会是钟繇的幼子，如果我们仔细翻阅史料，会发现钟繇父子年纪相差整整七十五年。如此高龄，仍然“日耕不辍”，钟繇的体力可见一斑。

当然，钟繇的好色，还远不止于此。《异林》里记载了一则钟繇遇鬼的艳遇，说太尉钟繇晚年经常数日不朝，有同僚问他原因，钟繇神秘地说：“常有一妇人来会，颜色美丽非凡，我痴其颜色，忙于幽会，故而不能上朝。”同僚诧异，告诉他这或许是个女鬼，再来可杀之。后来，这个妇人又来找钟繇，不敢向前，站在门外。钟繇问她为什么不进来，妇人说：“您想杀死我。”钟繇说：“没有的事。”说完殷勤邀请，于是妇人便进到他的屋中。钟繇想把她杀了，但是感到杀死她十分遗憾，而且又下不了手，所以最终只是砍伤了她的大腿。妇人立即跑了出来，用衣中棉絮擦血，血流满路。第二天钟繇让人去沿着血迹寻找，结果找到一座大坟墓中，棺中有一个漂亮的妇人，外表容貌身体如活人一样，穿着白绸衣衫，坎肩上绣有花纹，左大腿受了伤，而且用坎肩中之棉絮擦过腿上的鲜血。

老马伏枥、与鬼同眠，看来大文人钟繇不愧是三国好色第一人。

三国还是有坐怀不乱的淡定哥

俗语说得好，英雄难过美人关。至古到今，拜倒在石榴裙下的帝王将相英雄好汉不计其数。从西周时周幽王烽火戏诸侯到明末清初吴三桂冲冠一怒为红颜，漫漫华夏史可谓香艳又残忍。如果我们把时间的轴长缩减至三国时代，也依稀看见董卓吕布为了女人“父子相残”、曹操为了女人搭上长子性命、刘备为了女人置大好江山不顾只身犯险等诸多场景。当然，在神奇的三国时代并不是每个男人都如此好色，比如说“武圣”关羽就是例外。

在我们的印象中关羽绝对是个“不近女色”的纯爷们。早在刘备还没发达的时候，关羽有一段时间是在曹操手下做“临时工”。曹操这人很精明，知道关羽是个人才，想和他签个“终生合同”。不仅把私人豪华别墅当做“经济适用房”给关羽居住，还日设大宴，延之上座，又备绫锦及金银器皿相送。与此同时，曹操还送上十名年轻性感的美眉侍候关羽。可关羽毫不动心，将这些美眉全部送给了刘备家的那两个嫂子当“菲佣”。热脸贴着冷屁股，善玩权谋的曹操肯定心有不甘，又见刘备的老婆甘夫人长得漂亮，于是想设个“美人局”离间刘备关羽。“操欲乱其君臣之礼，使关公与二嫂共处一室。关公乃秉烛立于户外，自夜达旦，毫无倦色”。任凭曹操如何煞费苦心地“招安”，最后关羽还是拍拍马屁股跑到刘备那去了。

当然，关羽“坐怀不乱”的例子还远不仅此。当年曹操刘备合伙在白门楼“做掉”吕布，捉了他的女人貂蝉。为了除去刘备这个心头大患，曹操忍痛割爱，把貂蝉这个绝色美人送给刘备。刘备本来就不是个很有立场的人，一来二去就有点神魂颠倒。恰巧张飞也正值壮年，在“性生活”上也很饥渴，又见大哥刘备天天和貂蝉亲热，心里自然产生想法。关羽看到刘备张飞两个曾经的亲密战友为了女人就要翻脸，又想起《春秋》里讲过自古美女皆祸水，会害人误国的典故，于是一狠心抡起青龙偃月刀杀掉了貂蝉。这段故事在清代戏曲舞台上流行的《斩貂》里就有提起，算是野史吧。

此外，还有一个“小道”传说，说的是罗贯中在写《三国演义》的时候，想加点关羽的风流韵事，却见关羽显灵站在了他的面前，大喝道:“我平生不近女色，一生清白，你怎么能随意编造，玷污我的清白?”一气之下，挥刀把书案前的蜡烛拦腰削成两半。罗贯中无奈，只好重写了一段。当然，这个“小道”传说是不可信的，其实关羽也有对女色动心的时候。当年，曹操和刘备一起围攻下邳，关羽屡次三番向曹操提出要求:“妻无子，下城，乞纳宜禄妻。”怎奈曹操自己就是个“色君子”，破城之后见杜氏美貌异常，“乃自纳之”，留为己用了。

如果说关羽在个人情感史上“白玉微瑕”的话，接下来登场的这位可就是“无懈可击”了，这人就是大名鼎鼎的赵云。根据正史的记载，赵云的年龄是和刘备相仿的，照此推算在长坂坡时应该也是四十好几的中年人了。可在《三国演义》和民间戏曲里面，赵云总是以白面英俊少年小生的形象示人。究竟是什么造就了赵云的“不老传说”呢？很可能和赵云常年过着戒色戒欲的“清教徒”般的生活有关，这和“童男”张三丰百来岁还武功盖世是一个道理。当然，赵云在女色面前的定力也是非常人可以企及的。

当年赵云奉刘皇叔的命令去“收服”桂阳，桂阳城的行政长官赵范见刘备势大，于是想和赵云攀亲戚拉关系拜把子。赵范这人从官多年，深谙官场之道，觉得“服务”就应该做全套，这样“领导”才会尽兴。于是邀请赵云入衙饮宴。

“酒至半酣，范复邀云入后堂深处，洗盏更酌。云饮微醉。范忽请出一妇人，与云把酒”。昏暗暧昧的灯光，酥胸半露的美女，再加上酒精的驱使，是个男人都很难把持的住。谈谈情，跳跳舞，摸摸小手爬上床，赵范正在为自己的“一条龙服务”安排沾沾自喜。

赵云见此女有倾国倾城之色，乃问范曰:“此何人也?”范曰:“家嫂樊氏也。”云闻言大怒而起，厉声曰:“吾既与汝结为兄弟，汝嫂即吾嫂也，岂可作此乱人伦之事乎!”斥得赵范羞惭满面。看来，为了“不泡妞”而和兄弟翻脸的，恐怕赵云算是三国时代第一人吧。

三国三个痴情男人的旷世之恋

翻开历史的书卷，我们会发现女子之于男人大多要专情：名伎杜十娘钟情李甲，却奈何书生见利移情；才女卓文君背父私奔，却怎想司马相如见异思迁……不过，当我们把历史的焦距移到不过数十年的三国时代，会发现这段狭短的历史里居然沉睡着三个痴情的男人。他们的旷世之恋，多少挽回了男人的一丝名声。

我们首先要讲的是一场苦恋，这场苦恋的主角叫做曹植。曹植，曹操的夫人卞氏的第三个儿子（曹丕的亲弟弟），自幼聪颖过人。在诸多儿子中，曹操曾经认为曹植是“最可定大事”者，几次都想要立他为太子。曹丕登上皇位之后，觉得曹植碍眼，想找个借口除掉他。曹植见自己的亲哥哥要痛下杀手，心中十分悲伤，于是做了一首七步诗相赠：“煮豆燃豆萁，豆在釜中泣，本是同根生，相煎何太急！”不知是否情景生情的缘故，一向心狠手辣的曹丕放过了曹植。

好一个“本是同根生，相煎何太急”，难道仅仅只是为了皇权之争？也许未必。当然，事情的缘由还要从一位女人说起。这位女人名叫甄宓，曹丕的妻子，曹植的嫂子。当年，曹操大破袁绍，俘其妻女。残瓦破墙之中，曹丕初见甄宓（当时还是袁绍的儿媳妇），见其翩若惊鸿，马上向曹操递上一份结婚申请书，就这样，甄宓戏剧性地成为曹丕的妻子。当然，曹植和甄宓的人生也因此有了交集。到底曹植何时初遇甄宓，史书上并没有明言。是在曹丕的结婚典礼上？还是在秋日里的洛水河畔？我们不得而知。只不过，这位曾经被曹操认为是“最可定大事”的皇子，开始变得行端古怪，终日以酒为伴，放任自流，不拘礼法，屡犯法禁，甚至引起曹操的震怒。个中缘由，难道是曹植对于甄宓苦恋不得，怨相见恨晚，遂借酒消愁？

当然，对于这段叔嫂恋，史书上颇为隐讳。不过，无论史官们如何隐讳，但终究露出了“马脚”。甄宓死的那年，曹植到洛阳朝见曹丕（这时候，曹丕这个薄情汉已经另有宠幸）。甄宓的儿子曹睿请皇叔吃了顿饭，饭后，不知为何，曹睿将母亲的遗物玉镂金带枕送给了曹植。曹植睹物思人，恍然隔世，借着酒精的作用，文思激荡，酣畅淋漓地写了千古名篇《感甄赋》。奇怪的是，一向刻薄的曹丕似乎对此不曾加以追究（不过也不奇怪，曹丕早已坠入新宠郭美人的温柔乡），但到了明帝曹睿继位，觉原赋名字不雅（做儿子的还是比较敏感这个），遂改为《洛神赋》（参考唐朝李善为《文选》所做的注文）。当然，对于曹植这位和母亲纠葛不清的叔叔，曹睿难解芥蒂，因而一再徙封不已。只可怜曹植这个痴情才子，半生恍如飘萍，终寂寂无欢而死。

挥别曹植这段虐心的苦恋，我们再来谈一段哀怨的绝恋，而且，这场恋情的结局颇为惊怖。恋情的男主角叫夏侯尚，是曹魏名将夏侯渊的侄子。只不过，这个封建社会的“富二代”，没有买辆宝马车让诸多美女在里面哭上一辈子的潇洒，却无端多了一份身不由己。迫于政治需要，我们这位夏侯公子娶了曹操家的闺女为妻（曹操的养子曹真的妹妹）。不知是不是这场政治摊派让夏侯尚产生了逆反情绪，总之小两口的关系不算太好。更让这位曹家正室难堪的是，夏侯尚居然对一位偏房小妾颇为宠爱。明媒正娶的正室居然败给了“二奶”，于是这位正室到皇帝哥哥曹丕那里哭哭啼啼。偏偏曹丕又是一个刻薄的人，岂容一个路边的野花踩到曹家的金枝玉叶头上，因此派人将这个小妾绞死了。爱妾的无端死亡让夏侯尚大病一场，整日里神不守舍精神恍惚。把爱人安葬了以后没几天，他就受不了这种天人相隔的思念，又跑去把坟墓挖开，与心爱的女人再次相会（“尚悲感，发病恍惚，既葬埋妾，不胜思见，复出视之。”《三国志·诸夏侯曹传》）。刨尸相会，这场活脱脱的三国版“人鬼情未了”终究还是让人不寒而栗。不久之后，我们这位痴情的夏侯公子终于如愿以偿，欣然在黄泉路上同心爱的“聂小倩”再续前缘了。

告别了惊怖的绝恋，最后我们再来讲一段热烈的狂恋。这场恋情的主角叫荀粲，是曹操肱骨之臣荀彧的小儿子。他的老爹荀彧有个习惯，极其重视自己的个人形象，每次出门的时候一定要喷“香水”，于是世人皆乎“荀令留香”。当然，作为“香帅”的儿子，荀粲骨子里少不了风流倜傥。无视圣人之道，热衷玄学清谈，年少轻狂的荀粲总是语不惊人死不休。这位“官二代”甚至大言不惭：女人就要漂亮，那些妇德神马的都是浮云（“妇人德不足称，当以色为主。”《世说新语》）。如此轻佻不经，简直就是活脱脱祸害良家闺秀的臭皮囊转世。

当然，对于才貌双全的荀粲来说，虏获女孩子的芳心是件信手拈来的小事，骠骑将军曹洪如花似玉的女儿就这样上了荀家的花轿嫁了荀家的郎。这小两口子的婚后生活，史书上是这样记载的：“容服帷帐甚丽，专房欢宴。”可见，两人的性生活是相当“给力”的，几乎夜夜上演“玉蒲团”。不过，也许是纵情过度，也许是天妒鸳鸯，这场两情相悦的狂恋并没有延续太久。几年之后，荀粲的老婆突然高烧不退，危在旦夕。荀粲为了给老婆降温，居然在寒冬腊月脱得精光站在院子里，然后亲自钻到被窝里抱着生命垂危的老婆，希望能够让老婆退烧（不知顾长卫导演的《最爱》里，商琴琴为热病发作的赵得意退温的灵感是否来源于此）。

然而，荀粲的努力，依然无法感动上天。曹氏离世之后，我们昔日的风流才子荀粲从此一蹶不振。荀粲的狐朋狗友们见状，都来劝他再婚:“天涯何处无芳草，何必挂念窝边草。何况，兄台你老婆只是胸大无脑，何必伤心到这种程度呢（‘妇人才色并茂为难。子之娶也，遗才而好色。此自易遇，今何哀之甚’）?”荀粲回答也是痛快:“佳人难再得！顾逝者不能有倾国之色，然未可谓之易遇。”从此，荀粲闭门谢客，把自己一个人反锁在房间里。因为悲伤过度，痴情的荀粲终于魂归美人乡，时年二十九岁。

曹植的苦恋、夏侯尚的绝恋、荀粲的狂恋，三国时代三个痴情男子用自己的凄凉感情经历告诉了世人：其实，男人也可以很有“爱”。

“搞基”的始作俑者竟是孙权

“搞基”一词，源于舶来文字“GAY”。在网络文化盛行的今日，大抵可被用来泛指男性之间过于亲昵的举动。当然，“搞基”绝非仅是人类步入“高度文明”之后的产物，回溯中国的封建时代，其实也不乏个中“顽主”。其中，比较有名的如卫灵公、汉哀帝者。只不过，卫灵公的叫“分桃”，汉哀帝的叫“断袖”，真正名正言顺把“搞基”进行到底的，却是东吴大帝孙权，因为他“搞”的男人，就叫刘基。

刘基这个名字，在封建时代使用频率是极高的，有点类似于现在的王军、李刚之类，比如，开创明朝三百年基业的功臣也叫刘基（刘伯温）。不过，三国的这个刘基，身份却是极其“敏感”，因为他有个有背景的老爹，叫刘繇，是汉朝皇室的远亲。凭借祖上的福荫，刘繇被朝廷任命为扬州刺史，相当于现代的省部级干部。在汉代冗繁的公务员体制下，吃皇粮的，往往一人吃饱，全家风光。因此，我们这位“官二代”的少年时代，倒也欢乐多多。

不过，这位“官二代”并没有风光太久，因为他老爹管辖的扬州，恰好和江东小霸王的地盘“对位”。在那个弱肉强食的时代，做邻居难免要撕破脸皮的，可遗憾的是，在同江东这位邻里的前前后后九次战役中，刘繇全都告负。本来输给小霸王也不是什么丢脸的糗事，可是我们的刘繇是皇室宗亲，面子皮薄，经过这几个折腾，居然给气的一命呜呼了。

对手如此不堪一击，孙策倒也乐意。在收编刘繇势力的同时，孙策顺便也收编了他的家属（大概大乔管得比较严，孙策倒也不太敢像曹操一样，把别人的家眷拿来当小蜜）。于是，年少的刘基，脱下“官二代”的帽子，随着家人一路颠簸，南渡来到江东。赶巧的是，江东的小主人孙权，与刘基年纪恰恰相仿，见江那边来的少年，带来了许多新鲜的玩意，顿感新奇，于是主仆两人，倒也亲近了起来。

然后，就出现如下的画面：深蓝的天空中挂着一轮金黄的圆月，下面是海边的沙地，都种着一望无际碧绿的西瓜，其间有一个十一二岁少年，项带银圈，随手捏着一支路边的野花，向另一少年扑去。只见那少年却将身一扭，嬉笑一声，反从他的臂间逃开了……你追我赶间，这对“青梅竹马”的玩伴渐渐长大。不久江东的事务，已悄然落在了孙权肩上。如今的孙权，周旋于强敌之间，早已无暇眷恋儿时的那片沙滩，但对于刘基的情愫，却始终在心间萦绕（“孙权爱敬之。”《三国志》）。

孙权缘何对刘基“情有独钟”？除却是其青春玩伴外，原因大概有二：一是刘基是个花样美男（《三国志》载其“姿容美好”）。孙权本就是个“外貌协会”的，当年庞统就曾因为面目不堪，被其拒之职场门外。二是刘基的性趣有点特别。《吴书》是这样记载的：“与群弟居，常夜卧早起，妻妾希见其面。”可以看出，刘基尽管早有妻室，但仍然喜欢留顾弟处，只可怜家中娇妻，守着活寡，闺房里难得见上夫君几面。如此看来，刘基性趣取向，至少是个“双性恋”。

如此一位“性趣盎然”的花样美男流连于寝宫月下，这对于阅女无数的孙权来说，确实是碟不错的爽口小菜。孙权对这位近身男宠的“恩爱”到何种程度呢？《三国志》里有这样的记载：“权大暑时，尝于船中宴饮，于船楼上值雷雨，权以盖自覆，又命覆基，余人不得也。”看来，下雨天不仅可以抒写浪漫往事，同时还是考验同志感情的试金石。刘基之于孙权，那时那刻大抵是“我的眼里只有你”。就这般，连黄盖、周泰等一帮出生入死的干将们都未享受到的待遇，轻描淡写之间竟然被刘基悄然占尽。

不过，和历代飞扬跋扈的男宠不同，尽管主子恩宠有加，刘基的处事待人却是出乎寻常的低调。除了习惯和几个哥们睡睡觉之外，刘基并没有其他太多的嗜好，有时闲来无事，还会巧用孙权近侍的身份，来个穿针引线，帮犯事的“公务员”朋友打个圆场。《三国志》里就有如下记载:“权尝宴饮，骑都尉虞翻醉酒犯忤，权欲杀之，威怒甚盛，由基谏争，翻以得免。”

这段记载翻译成现代文大抵如是：孙权某日宴请百官，宴至高潮，举酒狂欢。要知道，官场即酒场，中国历来如此。感情深，一口闷，更何况领导敬酒，岂有不干的道理。可有个叫虞翻的官员，偏偏玩了个投机，竟把可乐参在红酒杯里。也怪虞翻倒霉，恰巧孙权从身边经过，看出杯中的异端，顿时勃然大怒，拔剑势要砍去。在封建社会，是没有“人权”可言的，人头落地，只是“领导”一句话的事。见喝酒要喝出人命了，刘基赶忙上前，从身后抱住孙权。说来也怪，原先的满腔怒火，竟被这身后的柔情，款款化解，孙权一个回眸，离鞘的宝剑也就被刘基顺势从其手中夺了下来。

也许，最快乐的时光永远是短暂的。在岁月这把人世间最无情的武器面前，花样美男刘基终于倒在了极乐的净土上。晚年的孙权，每每念及刘基的好，总会蹉叹不止，徒恨无缘相见。于是生了一个主意，安排了儿子孙霸和刘基女儿一场婚礼。如此一来，儿媳闲时的一个请安，总也算见着昔日玩伴的依稀模样。

丑男庞统也偏爱和美男同床

在娱乐至死的今日，男人的地位愈发尴尬。倘若闲暇时间，两个男人相约出外，搭个肩膀，看场电影，总会招来流言飞语。于是，诸如“女人牵手，那是闺蜜；男人牵手，那叫搞基”的桥段在民间不胫而走。男人间的友情，一旦关起门来，很难不让人浮想联翩。不过，在三国时代，男男暧昧其实也可以是种风雅。比如我们熟知的刘皇叔，和男人们动辄“同床眠卧”，抑或“情好日密”，总是折腾点曼妙的动静出来。

也许“男男相慕”在三国时代过于风行，甚至连一向清高的庞统，也禁不住要附庸风雅一番。庞统同志，道号“凤雏”，在当时荆襄地区，可是一位名气和孔明相当的人物。不过，在风骚的道号下，庞统却有着一张极其“不安分”的脸，《三国演义》是这样描述的:“浓眉掀鼻，黑面短髯。”也许因为相貌的缘故，我们的庞统一直不比卧龙先生那般讨女孩子欢心。不过，庞统是个不甘寂寞的文人，失了女人的脉脉温情，倒也收之桑榆，反在男人圈里颇受欢迎。

《三国志》有这样一段记载，庞统某日“旅游”至东吴，东吴的男人们听说庞统前来，居然争先观望，上前索要签名，其中不乏陆绩、全琮这样的名士（“吴人多闻其名，及当西还，并会昌门，陆绩、全琮皆往”）。《吴录》还记载着一个颇为有趣的故事：江东名士顾劭听说庞统好品男人，好奇他是如何评价自己，于是就到庞统住处拜访。庞统微微一笑，说道：“要评语可以，睡一觉再说。”顾劭答道：“先生多虑了，我大老远过来拜望，自然是做了留宿打算的。”同床共眠之后，两人的感情陡然升温了不少。顾劭问：“先生，您还没有给我评价呢?”庞统看着一旁的顾劭，忘情地叹道：“你真是个陶冶世俗的人物啊（‘劭就统宿，安其言而亲之’）。”

也许是庞统的“动静”实在太大，就连自命不凡的彭羕，居然也慕名而来。这位彭羕同志，“身长八尺，容貌甚伟（《三国志》）”，可以说是位一表人才的人物。可是帅哥都有一个通病，就是“姿性骄傲”，拿鼻孔看人，因此触忤了当地的“领导人”刘璋，被责令剃掉胡子，贬为下等公民（“髡钳为徒隶”）。顺便交代一下，汉末三国的士人们是很有自尊心的（这和现代某些“砖家”、“叫兽”不同），被勒令剃胡须对于男性而言，是仅次于自宫的奇耻大辱。没了胡须的彭羕，就好像雄鹰没了翅膀，只能如孤魂野鬼一般在西川一代游荡，如此一晃，就是数年。

当然，对于自视甚高的彭羕，一辈子如此庸庸无为是绝对不甘心的，不久，彭羕机会来了。刘备西征蜀地的消息传来，颇有政治嗅觉的彭羕知道自己的运气来了，于是寻了个门路，拜会了时任刘备军师的庞统（“会先主入蜀，羕欲纳说先主，乃往见庞统。”《三国志》）。其实，彭羕和庞统原先并不相熟，拜会之时，恰巧庞府满座高朋，莺歌燕舞。彭羕也不打话，寻了一个下人问了路，径直进了庞统的内室（“适有宾客，羕径上统床卧”）。又托下人给庞统捎个口信，曲终人散后，内室相会（“谓统曰：‘须客罢当与卿善谈’”）。庞统是个明白人，自然会意，于是匆匆结束了宴席，信步走进内室。彭羕见主人进来，也不打话，自顾说道：“人家饭还没有吃呢（‘统客既罢，往就羕坐，羕又先责统食，然后共语’）。”庞统闻之，大笑道：“好，好，好，马上办。”如此一番“打情骂俏”的试探，两人的距离感顿时拉近了不少，于是包含了千言万语的“精神交流”，在一张摇摆的大床上铺开了（“因留信宿，至于经日，统大善之。”《三国志》）。

当然，有了与庞统的这层关系，彭羕自然得到了刘备的垂青。仕途上的平步青云，让彭羕开始有些飘飘然，于是拿鼻孔看人的老毛病又犯了，甚至连“领导”刘备也不放在眼里。刘备不比厚道的刘璋，只是给个髡刑教训一下。一个痛下杀手，刘备给他安了个谋反的罪名，关进了大狱，择日处斩（当时庞统已经命陨落凤坡）。狱中的彭羕想起昔日同庞统的点点滴滴，悲从心来，万念俱灰，于是洋洋洒洒地写下千言《绝命书》：“昔每与庞统共相誓约，然统不幸而死，仆败以取祸。自我堕之，将复谁怨（《三国志》）。”不过，感人肺腑的文字并没有打动狠心的刘备，这位轻狂的帅哥带着对庞统的思恋在秋风中终究魂飞魄灭。

第4章

三国很会玩综艺

当三国盛行伪娘之风，当三国盛产毒舌评委，当三国盛开疯狂粉丝，这还是三国吗，亲？当然，这一切并不重要，因为我们的曹操、刘备同志，早已为三国时代最佳导演和影帝的名号，忙得不亦乐乎。娱乐当道，谁还打仗？

曹操刘备是三国最出名的导演和演技派

三国里面属于“演技派”的人物其实还真是不少。遥想当年，年纪轻轻的周瑜在群英会上就把老朋友蒋干“忽悠”的一愣一愣的，而老戏骨黄盖更是以一出“苦情戏”，让曹操丢盔卸甲满地找牙。当然，放眼三国，演技最好的人，应该还是要属皇叔刘备。

民间早有这样的说法，刘备的江山是“哭出来”的。古时候的人崇尚武道精神，讲的是“男儿有泪不轻弹”，刘备应该也知道。可见，刘备的“哭”是装出来的，是演给别人看的，也就是说，刘备绝对是个演戏的高手。其实我们只要在刘备的一生中随意攫取一个片段，都会惊叹地发现里面蕴藏着极其厚重的“演艺”功底。

《三国演义》有这样一段，讲的是徐庶的老妈被曹操请去“喝茶”，也就是“双规”。徐庶是个大孝子，肯定要到曹操那里去把事情摆平。玄德立马于林畔，看徐庶乘马与从者匆匆而去。玄德哭曰:“元直去矣！吾将奈何?”凝泪而望，却被一树林隔断。玄德以鞭指曰:“吾欲尽伐此处树木。”众问何故。玄德曰:“因阻吾望徐元直之目也。”当然，刘皇叔的“哭”还是很有效果的，徐庶到曹操那里果然不忘旧恩,“身在曹营心在汉”，终生不献一计。

可见，刘备的演技确实高超，用几滴眼泪，就能很好地向手下们表达自己是个极富有“人文关怀”的“领导”。但我们必须批评的是，刘备这事做得不够“环保”，你哭就哭吧，砍树干吗，一点不都懂得“低碳生活”。

再比如我们耳熟能详的长坂坡那段。当时刘备被曹操追杀，也顾不上老婆孩子自己拍拍屁股跑路。后来还是他的手下赵云拼了老命才把刘备的儿子从曹操那里抢回来。“云纵马过桥，行二十余里，见玄德与众人憩于树下。云下马伏地而泣，玄德亦泣。玄德接过（阿斗），掷之于地曰：‘为汝这孺子，几损我一员大将！’赵云忙向地下抱起阿斗，泣拜曰：‘云虽肝脑涂地，不能报也！’”刘备这出摔亲生儿子的“苦情戏”演的确实精彩，一接一摔一哭，可谓行云流水，道行之深让人叹为观止。只可怜了那个阿斗，硬是被自己的老爹摔出个脑震荡。

当然，像“砍树”、“摔孩子”这样的桥段，纵观皇叔刘备的一生，却是比比皆是，而其中最为经典的应该还要属“白帝城托孤”，这场戏可谓是刘备集毕生演艺功力的一次薄发，因为这次和他演对手戏的是“IQ”、“EQ”双高的诸葛亮。“先主命内侍扶起孔明，一手掩泪，一手执其手，曰：‘朕今死矣，有心腹之言相告！’孔明曰：‘有何圣谕？’先主泣曰：‘君才十倍曹丕，必能安邦定国，终定大事。若嗣子可辅，则辅之；如其不才，君可自为成都之主。’孔明听毕，汗流遍体，手足失措，泣拜于地曰：‘臣安敢不竭股肱之力，尽忠贞之节，继之以死乎！’言讫，叩头流血。”刘备不动声色寥寥数语，就让诸葛亮肝脑涂地鞠躬尽瘁。只不知，帐后是否刘备早已埋伏刀斧手数名？

现在再来谈谈刘备的“死对头”曹操。应该说，“曹阿瞒”这人也是蛮有演戏天赋的。“操有叔父，见操游荡无度，尝怒之，言于曹嵩。嵩责操。操忽心生一计，见叔父来，诈倒于地，作中风之状。叔父惊告嵩，嵩急视之。操故无恙。嵩曰：‘叔言汝中风，今已愈乎？’操曰：‘儿自来无此病；因失爱于叔父，故见罔耳。’嵩信其言。”可以看出，曹操打小就热爱演艺事业，经常在家里排演情景剧。后来的“孟德献刀”、“梦中杀人”“以发代首”等应该都算得上曹操质量不错的演艺作品。

虽说曹操演技尚可，但多是玩票而已，直到在那场著名的“煮酒论英雄”中遭遇刘备，曹操才真正认识到什么叫“影帝”。这个桥段颇有《无间道》的味道，刘备正是靠着自己炉火纯青的演技，轻描淡写化解了紧张的气氛，最终从曹操眼皮底下全身而退。

可见，曹操的演技相比刘备确实还显稚嫩。但曹操是个聪明人，演戏不行那就改行当“导演”。而且，还真让曹操导出不少高水平的作品。《三国演义》有这样一段，当时曹操在打持久战，可是军中所剩粮食不多，士兵多有怨言。“操乃密召王垕入曰：‘吾欲问汝借一物，以压众心，汝必勿吝。欲借汝头以示众耳。’垕大惊曰：‘某实无罪！’操曰：‘吾亦知汝无罪，但不杀汝，军必变矣。汝死后，汝妻子吾自养之，汝勿虑也。’垕再欲言时，操早呼刀斧手推出门外，一刀斩讫，悬头高竿，出榜晓示曰：‘王垕故行小斛，盗窃官粮，谨按军法。’于是众怨始解。”可以看出，曹操导演的一出粮草官克扣军饷的作品，尽管手法略显残忍，但还是取得不错的“票房”，最终顺利夺取了敌方城池。

当然，曹操最擅长导演的还是悬疑剧，比如“许都纵火案”。当时耿纪等“恐怖分子”密谋暗杀曹操，并在许都实施“打、砸、抢、烧”。“曹操于教场立红旗于左、白旗于右，下令曰：‘耿纪、韦晃等造反，放火焚许都，汝等亦有出救火者，亦有闭门不出者。如曾救火者，可立于红旗下；如未曾救火者，可立于白旗下。’众官自思救火者必无罪，于是多奔红旗之下。三停内只有一停立于白旗下。操教尽拿立于红旗下者。众官各言无罪。操曰：‘汝当时之心，非是救火，实欲助贼耳。’尽命牵出漳河边斩之，死者三百余员。其立于白旗下者，尽皆犒赏，仍令还许都。”可见，曹操清查“许都纵火案”时，运用了开放式结局的手法，“救火的站这边，没救火的站那边”，面对一片刀光火海，那些“龙套演员”总道救火是件好事，谁料竟站错了队。曹操一个情节反转，他们全都无缘无故地成了冤鬼。

凭借导演功力的老道，曹操的作品往往都能在“票房”上无往不利。其中悬疑谍战剧“抹书间韩遂”绝对堪称经典。当时马超率领西凉军打的曹操割须弃袍一点脾气都没有。后来曹操买断“编剧”贾诩的剧本，导演了一出“离间戏”，让原本和和气气的韩遂马超叔侄二人自相残杀，曹操尽享“渔翁之利”。看着老对手在导演界干得风生水起，刘备也想“演而优则导”。可惜水平确实不行，高投资的“夷陵之战”最后可谓“票房”惨淡。可见，一个萝卜一个坑，练变戏法就变戏法，练武功就练武功，演戏就演戏，导演就导演，刘备喜欢把它们混为一谈，能活到白帝城，也算是件奇事啊。

三国的毒品、性药、美容剂

在现代社会里，毒品、性药、美容剂三者的共性之一就是能让人们的精神达到一种其所未有的愉悦。略有不同的是，毒品通常是多数人不敢去企及的物品，性药是无论男女都试图尝试或者偷偷摸摸把玩的玩意，而美容剂则是女人武装自己去取悦男人的工具。而早在三国时代，也已存在着这三件“宝贝”，只不过它们有一个共同的名字——五石散。

所谓五石散，其实是一种中药散剂。这种散剂相传是汉末名医张仲景发明的，张仲景发明这个药方，原本是给伤寒病人吃的，因为这个散剂性子噪热，对伤寒病人有一定补益。不过随着时代的发展，五石散的效用也发生了微妙的变化，渐渐成为名士们趋之若鹜的“精神食粮”，由魏晋往后五六百年居然未有间断。为何当时的名士们对这种伤寒药如此膜拜，这还得从三国玄学大师何晏说起。

何晏是曹操的养子、女婿，当时著名的大帅哥，最早醉心食用五石散的应该就是此君。五石散服下后很容易上瘾，有点像现在的摇头丸之类的毒品。在何晏的大力倡导下，服用五石散成为一种流行趋势，宽袖长袍的名士们大多通过食用五石散让自己在飘飘欲仙中找到登峰造极的创作灵感。

当然，既然是“毒品”，肯定是有副作用的，当时的名士多轻裘缓带，多半是因为五石散的药效发作后身体燥热，不仅如此，长期服用还会导致精神恍惚，发狂痴呆，甚至看见苍蝇也要拔剑追赶。

为何五石散具有毒品功效？原来五石散是由石钟乳、紫石英、白石英、石硫黄、赤石脂五味石药合成的一种中药散剂，含有硫化物等毒性成分在内，能够提高神经的兴奋性，食后极易暴躁。因此，吃完之后，一定要散步，大量吃冷东西，喝热酒，穿薄衣服，洗凉水澡。也许，何晏之流并非如我们想象的那般逍遥，诸如口发狂言、桀骜无礼、赤膊跳奔等放浪形骸的荒诞举动，其实不过是在“毒品”作用下的一种痴狂行为而已。

当然，如果仅仅用“摇头丸”比拟五石散，尚不足以概括其神奇之处，因为它还兼有“美白剂”、“减肥药”甚至“伟哥”等一系列功效。在这里，我们还是再提一提推崇五石散的始作俑者何晏。何晏脸色白皙，自恋成癖，终日“化妆包”不离手，走路的时候喜欢顾影自怜，这和他长期服用五石散有一定关系。由此看来，五石散确有“美白剂”、“减肥药”等功能，何晏的好肤色和纤纤身材应该可以归功于此。不过，这位“傅粉何郎”尽管一副弱不禁风“伪娘”的范，可一到床上，就好像变了一个人，生龙活虎，翻云覆雨，顶着驸马爷这个“头衔”，依旧四处拈花惹草，和众多女子有染，颇有点西门庆的味道。这个“面白肌瘦”明显处于“亚健康”状态的弱弱书生为何床上功夫如此了得，后来还是医学家皇甫谧解开谜底：“何晏，耽声好色，始服此药（五石散）。服后心加开朗，体力转强……”可见，五石散和当今流行的“伟哥”还有几分相似之处。

看来，自古以来能够堪称万能的灵丹妙药，非五石散莫属。

三国的毒舌帮

近年来，娱乐选秀栏目颇是风生水起，虽然争议不断，但在民间一直保持较高关注度。其间，不仅催红了春哥等一干草根明星，同时也让包小柏、杨二等言语犀利的毒舌评委挣个衣钵满盆。当然，如果我们遥想三国时代，也不乏一些能言善辩的毒舌人物，其中，最著名的应该非诸葛丞相莫属。

从刚出山时临危受命渡江的舌战群儒，到暮年北伐时的骂死王朗，诸葛丞相总能轻摇三寸之舌，在刀光剑影中建功立业。不过，江湖中关于丞相的传说已经太多，我们不妨把操劳的武侯暂时封存，在三国里试着再寻觅一番，这时，我们应该能找到陈琳。

可以推断，这个颇为秀气的名字的主人应该是个文弱书生。倘若不是生逢乱世，也许文人陈琳会在“杨柳岸晓风残月”的靡靡之音中了却一生。可是，乱世不容得闲人“搔首弄姿”，在兵荒马乱的年代，不找个靠山，恐怕连吃饭都成了问题。于是，这个书生走进了政治。走进政治的文人，文笔难免就有了偏颇。好吧，我们还是花点时间，先来看一下陈琳的从政之路。

汉灵帝末年，曾任大将军何进主簿，后董卓肆虐洛阳，陈琳避难至冀州，入袁绍幕。袁绍使之典文章，军中文书，多出其手。也就是说，陈琳成了袁绍手下的宣传干事。

后来，袁绍和曹操翻脸了，要打一战。战前总要做个动员大会，于是袁绍要求陈琳写一篇“重口味”一点的文章来埋汰曹操一番，于是，著名的《为袁绍檄豫州文》应时而成。这篇文章是在太精彩了，我们不凡摘抄一二：

“……司空曹操祖父腾，故中常侍，与左悺、徐璜并作妖孽，饕餮放横，伤化虐人。父嵩，乞丐携养，因赃买位，舆金辇宝，输货权门，窃盗鼎司，倾覆重器。操赘阉遗丑，本无令德，僄狡锋侠，好乱乐祸……历观古今书籍所载，贪残虐烈无道之臣，于操为甚。莫府方诘外奸，未及整训，加意含覆，冀可弥缝。而操豺狼野心，潜包祸谋，乃欲桡折栋梁，孤弱汉室，除忠害善，专为枭雄……当今汉道凌迟，纲弛网绝，操以精兵七百，围守宫阙，外称陪卫，内以拘质，惧篡逆之祸，因斯而作。乃忠臣肝脑涂地之秋，烈士立功之会也。可不勖哉!”

骂人也能骂得如此畅快淋漓、义正词严、字字珠玑，纵贯古今恐怕也只有陈琳能做的出来。寥寥数语，骂尽曹门三代，只可怜了曹家那些见不得光的丑事，经过“毒舌文人”陈琳的艺术宣传，全成了民间百姓家的笑谈。这也难怪檄文传至许昌，“时曹操患头风，卧病在床，左右将此檄传进，操见之，毛骨悚然，出了一身冷汗，不觉头顿愈，从床上一跃而起”。文章竟有如此疗效，却也怪事，“陈琳之檄，可愈头风”，更成了一个很有名的典故。

富有戏剧性的是，官渡之战袁绍大败，陈琳居然被曹军俘获。可以想象，一场残酷的“文字狱”正在向陈琳悄然走来。不过，事态的发展却恰恰相反。曹操竟然不计前嫌，拉着陈琳的手笑着戏谑:“辱我足矣，奈何辱我祖?”受宠若惊的陈琳尴尬地答道:“箭在弦上，不得不发。”由此看出，陈琳这位同志写作其实是没有多少操守的，只要时局需要，他可以泼墨水，也可以唱“红歌”，还可以“贴大字报”。反正，一切按“领导”的既定方针办。当然，在曹操面前摆个低姿态认错后，陈琳依然仕途亨通，继续做他的文书工作，只不过，“领导”换成了曹操。

如果说陈琳略输风骨的话，那么接下来的两位毒舌人物可就不得不提，因为他们的骨头可是硬得很。他们一个叫阮籍，一个叫孔融。我们先来谈一下阮籍。

阮籍是曹魏时期著名的文人，很巧的是，阮籍他爹阮瑀和陈琳还同在宣传部门工作（陈琳为司空军师祭酒，与阮瑀同管记室）。这个阮籍，在政治上本有济世之志，因看不惯司马家族的肆意弄权，所以借酒避祸，故作狷狂痴态，经常和嵇康、刘伶等七个文人酒友在竹林之下的“大排档”划拳喝酒打发闲散日子，于是被世人称为“竹林七贤”。

当然，一个胸怀大志的年轻人，天天做一些放浪形骸的事情，日子久了，心中难免就有些郁闷。郁闷了，难免就想骂人。恰逢有次阮籍“自驾游”经过楚汉古战场，触景生情，想起自己的怀才不遇，不由呛声道：“时无英雄，使竖子成名！”当然，阮籍这话是说给早他四百年的刘邦听的。只言片语，就把大汉家的老祖宗都给端了，阮籍的毒舌功力，的确不容小觑。

说阮籍怀才不遇，其实也不全对，应该说是不愿同流合污。当时，司马家还是挺看得起这个才思敏捷的狷生，有点想重用他的意思，所以经常请他过去喝茶。司马家族是当时曹魏政权实际的统治者，阮籍心里尽管不太愿意，表面上多少还是要给点面子。

有次，阮籍和和几个官员在司马府邸泡茶，一位在陪官吏向司马昭报告了一起儿子弑母的案件。一旁的阮籍被司马昭喊来喝茶，心中本非情愿，听到如此离奇案件，冷不丁脱口而出：“嗤！杀父乃可，杀母则万万不可！”杀自己老爸是可以的？此番大逆不道的毒舌言论一出，当时在座者全都目瞪口呆。司马昭问道：“杀父，天下之极恶，而以为可乎？”阮籍也是聪明，来了个脑筋急转弯，从容答道："禽兽知母而不知父，杀父，禽兽之类也；杀母，禽兽不如。"我们不得不佩服阮籍的巧舌如簧，直说的同席人等大为叹服。

阮籍虽然离经叛道，但还是不及孔融。孔融是个很有来头的人，他一是孔圣人的二十世孙，二是三国时代著名的"建安七子"里的带头大哥(阮籍的老爹也是其中一个)。《三字经》里有个"孔融让梨"的故事，更是让孔融的美名流传了数千年。不过孔融的个人言论，远没有让梨那样谦逊。

《后汉书·孔融传》有这样一个记载："时，年饥兵兴，操表制酒禁，融频书争之，多侮谩之辞。"讲的就是某年是饥年，曹操出于对军国大计的考虑，认为应该禁酒，使粮食用来补充兵用，因此颁布了《禁酒令》。恰巧孔融偏偏是个"酒君子"，禁酒岂不是等于要了他的老命，于是他写了《难曹公表制禁酒书》，里头对曹操禁酒的举动百般揶揄。孔融说道："曹公，你禁酒可以，但听说夏桀和商纣王是因为女色亡的国，那你怎么不干脆把婚姻也禁止算了。"面对如此大胆的顶风作案，曹操自然愤怒异常，只是由于忌惮孔融的才子大名，并没有当场发作。

硬骨头的孔融，在和权臣曹操抬杠中尝到"甜头"，说话越加有恃无恐。终于，孔融没心没肺的毒舌言论还是给他带来了灭门之祸。

孔融是个不拘小节的人，他在公开场合说："父之于子，当有何亲？论其本意，实为情欲发耳。子之于母，亦复奚为？譬如物寄瓶中，出则离矣。"也就是说，父亲对于儿子有什么亲情可言？归根到底父亲生下儿子的本意不过是情欲发作的一种本能罢了；儿子同母亲同样来讲又有什么感情了？就如同放在瓶子中的一个东西，出来后就分离了，没有任何关系了。这种离经叛道的言论，就是在现在也会被认为是大逆不道，更何况当时统治者提倡"以孝治天下"，孔融所谓的"孝道不足守"，不正是狠狠地扇了当权阶级一个响亮的耳光吗？

孔融的这出毒舌事件，终于给曹操抓住了把柄。赤壁之战前夕，北方局面已定，曹操为了排除内部干扰，开始对孔融下手了。他授意丞相军谋祭酒路粹诬告孔融“欲规（谋划）不轨”、“跌宕放言”，罪证就是孔融这段有悖人伦的言论。就这样，“一代大儒”孔融被弃市，妻子儿女同时遇害。

有趣的是，同样拿老祖宗说事，陈琳是平步青云，孔融是身首异处，看来，对于曹操而言，讲了什么话其实不重要，关键的还是看这人听不听话。

三国早已盛行伪娘之风

近几年,“芒果台”捧红了一批雌雄莫辨的年轻人，从最初的“纯爷们”到后来的“伪娘”，芒果台一路走来可谓“风骚”不断。其实，在距今已有两千多年的三国时代，除却纯爷们当道，早也就暗藏着不少妖娆多姿的“伪娘”。

当然，其中名气最大的当属晋王朝的奠基者司马懿。当年蜀魏两军相持五丈原，诸葛亮数次令人搦战，司马懿坚守不出。诸葛亮没有办法，于是想出个“阴招”，派人给司马懿送上一堆胭脂水粉，说如果再当“龟孙子”就干脆做女人算了。司马懿也不生气，乐呵呵地说“做女人挺好”，而且还顺势在众将领面前“着女衣、抹脂粉”，忘情地秀上了一把。

其实，诸如司马懿这般在今世看来有伤风化的“娘们”举动，在当时的魏国，却是件极其普通的事情。因为在曹魏集团的“上层建筑”里，早就开始盛行“伪娘”之风。比如曹操的贴身秘书荀彧就是一个“香不离身”的主。荀彧是个很有才能的人，当年曹操“挟天子以令不臣”的政治纲领就是此君起草的。而且荀彧长相俊美，俊美就难免臭美，好熏香，久而久之身上带香气。《襄阳记》里就有记载:“荀令君至人家，坐处三日香。”李商隐也曾做诗:“荀令桥南过，十里送衣香。”“荀令留香”，还在当时传为佳话。

当然，在曹魏一带，热衷涂脂抹粉的，绝不止荀彧一人，就连曹操的儿子曹丕居然也不能例外。《魏志·朱建平传》记载:“帝将乘马，马恶衣香，惊啮文帝膝。”这时候的曹丕已经篡汉称帝，有次曹丕出去游玩，不小心用错了香型，坐骑一下子不太习惯，认为这“香水有毒”，于是狠狠地咬了他的膝盖一口。曹丕有此好，他的亲弟弟曹植也是不甘人后,《魏略》有这样的记载,“太祖遣淳诣植，植初得淳，甚喜，延入座，不先与谈。时天暑热，植因呼常从取水自澡讫，傅粉”。说的就是某日曹植的一位好友来访，我们的这位大才子为了不失体面，赶忙打开“化妆包”在脸上补妆一番。

如此看来，曹操这人还真是“杯具”，自己戎马一生何等英雄，没想到亲儿子们居然全都热衷COSPLAY扮“伪娘”，甚至连领养的干儿子也染上了此等“毛病”。“何郎傅粉”这个成语，说的就是曹操干儿子何晏的故事。何晏跟曹植一样是个文艺青年，而且还是个挺“粉嫩”的文艺青年。“美姿仪而绝白，行步顾影”，讲的就是何晏这人是个小白脸（好像搞文艺的都是这副长相，比如“酵母”郭敬明)，还有点“娘娘腔”，走起路来一摇一摆屁股晃得很厉害。而且，何晏还有个优雅的习惯，就是“粉扑”不离身，为此时人称之为“傅粉何郎”。《世说新语》就有记载:“何平叔美姿仪，面至白；魏明帝疑其傅粉。正夏月，与热汤饼。既啖，大汗出，以朱衣自试，色转皎然。”讲的是魏明帝曹睿觉得何晏白的离谱，想瞧瞧这位干叔叔卸妆的样子，于是大热天把他找来，赏赐他热汤面吃。不一会儿，何晏大汗淋漓，只好用自己穿的衣服擦汗。可他擦完汗后，脸色显得更白了。可以看出，何晏天姿确实白嫩，涂脂抹粉仅是“锦上添花”而已。

可见，曹魏一方“伪娘文化”当道，皇亲国戚皆有此好。真不知，当初远在西蜀的诸葛武侯频频出师北伐，是不是就是恐其“朝廷”阴柔之风太甚，伤了大汉的风气。

三国的凤姐和犀利哥

有这样一个笑话，一位拜金姐想钓个“富二代”，于是到网络上进行人肉搜索。输入两个关键词，一是要帅，二是要有车。最后，电脑给出的结果是：象棋。

当然，这个笑话中的姐只是个传说。可传说中的姐还很多，比如说凤姐。如果按照笑话中的逻辑给凤姐找出符合其气质的关键词的话，相信不少网友都会联想到以下三个。

一、丑（相信绝大多数有审美良知的人都能达成这个共识）；

二、有才（以我的智商和以我的能力的话，往前推三百年，往后推三百年，总共六百年之内不会有第二个人超过我——凤姐语）；

三、择偶条件高（必须具备国际视野，有征服世界的欲望，身高176~183厘米，越帅越好——凤姐语）。

如果你沿袭这个思路，把这三个标签植入到三国时代进行检索的话，你会惊奇地发现一个结果。这个结果当然不是象棋，而是一位女性。这位女性，还和当时大名鼎鼎的诸葛亮有关。这个女性的名字叫黄月英，即诸葛亮的结发妻子。

相传这个黄月英长相丑陋，时人称之为“阿丑”，甚至连她的老爸黄承彦都说身有丑女，黄头黑色，按现代话讲就是黄头发、黑皮肤。如果我们再发挥一下想象力，龅牙、斜眼睛、塌鼻等恶毒的形容甚至都可以联想在黄月英的身上。可就这样一个阿丑，她的相亲对象诸葛亮却是仪表不凡的美男子。时人是这样评价诸葛亮的：逸群之才、英霸之器、身长八尺（一米八五左右）、容貌甚伟。可见，黄月英的择偶标准无论在哪个时代都是相当高的。只不过，“莫作孔明择妇，正得阿承丑女”这个荆州童谣着实让诸葛亮这个“凤姐夫”做得有点郁闷。

那诸葛亮为何会看上其貌不扬的阿丑呢？其中一个很重要的原因就是黄月英身有奇才，上通天文，下察地理，韬略近于诸书无所不晓。相传诸葛亮发明木牛流马，也是从黄月英传授的技巧上发展出来的。可见，黄月英在诸葛亮的事业上是很有帮助的，相信诸葛亮每次行军打仗时黄月英绝不仅仅只是在诸葛亮的行囊里面放上几本《知音》、《故事会》。

如果说三国时代的“凤姐”黄月英心甘情愿地、低调地做诸葛亮背后默默奉献的女人，那么同时代的另一个红人“犀利哥”的为人处世可要高调的多，这个人的名字叫做祢衡。

祢衡，泛三国时代著名人士，少有才辩，性格刚毅傲慢，好侮慢权贵。从祢衡的性格特点可以看出，相对当代“犀利哥”仅仅是“被犀利”而言，这位三国“犀利哥”那可是“真犀利”。我们先从《三国演义》里面的描述来了解一下这位祢衡是如何评价曹操手下的。

衡笑曰:“荀彧可使吊丧问疾，荀攸可使看坟守墓，程昱可使关门闭户，郭嘉可使白词念赋，张辽可使击鼓鸣金，许褚可使牧牛放马，乐进可使取状读诏，李典可使传书送檄，吕虔可使磨刀铸剑，满宠可使饮酒食糟，于禁可使负版筑墙，徐晃可使屠猪杀狗；夏侯惇称为‘完体将军’，曹子孝呼为‘要钱太守’；其余皆是衣架、饭囊、酒桶、肉袋耳!”

郭嘉、荀彧、张辽等一干实力派人物居然都被祢衡讽刺为酒囊饭袋之徒，可见此人言语之犀利。

祢衡这位三国“犀利哥”不仅言语上犀利，行为举止也颇为犀利。有次曹操宴请宾客，令祢衡击鼓庆贺。按照当时的风气，参加宴会必须穿新衣服。可这个祢衡却偏偏穿件破衣服邋遢登场，颇有点当代犀利哥忧郁的眼神，欷歔的胡渣子，神乎奇迹的搭配，还有那杂乱的头发的范儿。更夸张的是，击鼓中途祢衡居然当面脱下旧破衣服，裸体而立，浑身尽露，令堂上宾客大吃一惊。可见，祢衡的思想也颇为前卫，甚至在三国时代就上演了一场惊心动魄的真人脱衣秀。

当然，曹操尽管好色，但对男人的脱衣秀还是没有太大兴趣的。后来，曹操干脆找个借口就把他打发到荆州刘表那去了。“衡至荆州，见刘表毕，虽颂德，实讥讽。表不喜，令去江夏见黄祖”。这个黄祖算是个粗人，跟曹操刘表不一样，不太喜欢做一些沽名钓誉的表面文章，性格上也直接粗鲁的多。有天，黄祖和祢衡喝酒。“皆醉，祖问衡曰：‘君在许都有何人物?’衡曰：‘大儿孔文举（孔融，语文课本里让梨的那位），小儿杨德祖(杨修，语文课本里纠结于鸡肋的那位)。除此二人，别无人物。’祖曰：‘似我何如?’衡曰：‘汝似庙中之神，虽受祭祀，恨无灵验!’祖大怒曰：‘汝以我为土木偶人耶!’遂斩之”。

就这样，祢衡这位富有才情的三国“犀利哥”，最后竟然可悲地死在自己的犀利之下。

三国的疯狂追星族

“滚滚长江东逝水，浪花淘尽英雄”，三国是一个大开大阖的年代，群雄逐鹿，众星荟萃。生在那个星光璀璨时代的人们，倘若成不了英雄，那就不妨成为英雄的追慕者吧，沾一点星光，好歹也不枉此生。

江东周郎就是一位在当时被粉丝热捧的人物。这个周瑜，羽扇纶巾，风度翩翩，而且还弹着一手好琴。自古到今，但凡有艺术细胞的男子，总是会受到女子青睐的，司马相如是这般，料必周郎也是这般。《三国志》就有记载：瑜少精意于音乐，虽三爵之后，其有阙误，瑜必知之，知之必顾。一些怀春的女粉丝，总会端坐在玉房前，待到周郎马骑经过，风尘之间，故意地拨错琴弦，惹得周郎回眸张望。这就是有名的“曲有误，周郎顾”。

当然，三国的主旋律毕竟还是浩大的战场，怀春女子的浪漫，注定会被金戈铁马冲散。在那个马革尸还的年代，要做一个铁杆的追星族，还是需要莫大勇气的，因为一个不小心，也许就会掉了脑袋。“过五关斩六将”讲得就是一个掉脑袋的故事，六名自不量力的武将，最终都成了武圣关羽的刀下之魂。这个“千里走单骑”的传说，俨然成了一场关羽的个人魅力秀。

里面就有这么一段，说的是关羽护送家嫂到了荥阳，守将王植假意款待关羽，私下却密令手下胡班组织人手，在三更时分放火杀人。胡班寻思：“我久闻关云长之名，不识如何模样，试往窥之。”潜至厅前，见关公左手绰髯，于灯下凭几看书。班见了，失声叹曰：“真天人也！”一刹那间，胡班被关羽的偶像气质彻底击败了，在人气PK中胡班毫不犹豫地投票给了关羽。接下来的事态自然明了起来，胡班“倒戈”了。应该说，胡班不是一个合格的公务员，但绝对是一个铁杆的粉丝。那个倒霉的王植或许至死都不明白，自己的人头落地竟然是因为人气不够。除却胡班，就连天赋神力的周仓、浪迹江湖的廖化，在那场千里寻兄的故事里，也被关羽的个人魅力所折服，成了忠实的粉丝。后来，关羽荆州兵败，周仓也自刎而死，毅然追随偶像而去，廖化也为了成就偶像未竟的事业，肝脑涂地，奋斗终生。

当然，刚才我们说了，三国是个群星集结的年代，像关羽这般拥有高人气的偶像，还真不在少数。比如，奸雄曹操就是一个。曹操这人戎马一生，战事无数，其中“抹书间韩遂”应该是他比较得意的一件。当时曹军和马超韩遂联军僵持不下，曹操采用贾诩计策离间二人。一日，曹操约韩遂到阵前“喝茶”。“操引众将出营，左右围绕，操独显一骑于中央。韩遂部卒多有不识操者，出阵观看。操高叫曰：‘汝诸军欲观曹公耶？吾亦犹人也，非有四目两口，但多智谋耳。’”可以看出，即使在敌军阵营里，也有不少曹操的仰慕者，如果不是因为军法如山，相信还会有不少人跑到阵前索要签名。

作为曹操长期以来的老对手，刘备的人气当然也不逊于对方。而且，刘备的粉丝有个特点，就是不仅数量大而且忠诚度高。当年曹操挟百万大军南下，刘备不敌，准备弃城而走，令孙乾、简雍在城中声扬曰：“今曹兵将至，孤城不可久守，百姓愿随者，便同过江。”按照现在流行的咆哮体翻译一下就是：“曹贼要来啦，跟我一起逃的粉丝举个手，有木有，有木有！！！”两县之民，齐声大呼曰：“我等虽死，亦愿随使君！”即日号泣而行。

扶老携幼，将男带女，滚滚渡河。可见，我们刘皇叔的“后援团”阵容可谓强大。

不过，比起同时代“人气王”张角的粉丝，神马“芋泥饭”、“草包饭”、“榴莲饭”（参照现在流行的说法，就是关羽、曹操、刘备的粉丝团）一干都是浮云。这个张角，原本是个江湖医生，后来意外得到一本《太平要术》，于是名声渐起，不久就积累极高人气，粉丝众多，乃立三十六方，大方万余人，小方六七千，各立渠帅。可以看出，张角不仅粉丝多，而且还很有想法，为了让自己能一直“当红”，在每个城市都设下自己的“后援点”（比如武汉后援点、福州后援点什么的），必要时能为自己拉拉票。而且，张角还要求自己的粉丝在着装上统一，于是四方百姓，裹黄巾从张角者四五十万。当然，在张角的“公关公司”舆论炒作之下，青、幽、徐、冀、荆、扬、兖、豫八州之人，家家侍奉大贤良师张角名字，成了他的忠实粉丝。

由此看来，被亿万粉丝敬仰膜拜疯狂追捧，两千年前的全民偶像张角早已享受到如今“春哥”才拥有的待遇。

三国名流如何过“春晚”

面对当今愈加乏善可陈的春晚，也许老百姓更有兴趣去了解一下生活在约两千年前的三国时代的人们是如何过春晚的。

所谓“春晚”，我们姑且把它称之为“春节联欢会”吧，这在军阀混战、人民流离失所的三国时代，普通老百姓要想过个“安稳年”估计都是极其奢侈的事情，更别说“联欢”了。不过，对于处于“上层建筑”的士族大夫们，要想过个热闹的“春晚”也许还不算一件难事。好吧，那我们就先从东吴说起，看看那里的社会名流们是如何过“春晚”的。

众所周知，东吴的老大叫孙权。但很多人也许不知道，孙权其实是个酒鬼。《三国志》就有记载：“权临钓台饮酒大醉，使人以水洒重臣，曰：今日酣饮，惟醉堕台中乃当止耳。”可以看出，逢年过节，好酒的孙权总会在高台上大宴文武，要求大伙一醉方休，要谁不喝，孙权就让人往他身上泼水，并且喝道：“小样你快点儿喝，今儿个必须喝到迷迷糊糊掉下酒台为止！”

因此，我们可以推断，东吴士族们的所谓“春晚”应该就是一场拼酒大会，人生得意须尽欢，一直喝到胃出血。当然，高强度的干酒吹瓶对于平时养尊处优的士大夫而言，确实是件极其痛苦的体力活。不过，不喝就是不给孙权面子，权哥很生气，后果很严重。《三国志》有记载，说的就是一个叫虞翻的官员因为体力不支，故在酒宴上“装醉养鱼”，差点被孙权给砍了脑袋。

和东吴纯粹的拼酒大会不同，曹魏阵营举办的“春晚”就要精彩得多，因为曹操是个极其浪漫而且有深度的人物。《三国演义》里有这样一段描述，曹操赤壁新败，恰逢铜雀台刚好竣工，于是开年曹操大宴百官，一来为了一扫晦气，二来借此考察文武官员。除了大型歌舞表演之外，曹操还要求武将们登上舞台“秀”一把武功。

“操先观武官比试弓箭，便命近侍将西川红锦战袍一领，挂在垂杨枝上，下设一箭垛，离百步为界。武官分为两队，曹氏宗族俱穿红，外枝将士皆穿绿，各带雕弓长箭，跨鞍勒马，听候指挥。操传令曰：‘如有射中红心者，鸣金击鼓以应之，遂将红锦战袍以赏之；如射不中者，罚水一杯。能射者射之，不能射者听令押阵。’声犹未绝，红袍队中曹休扣箭拽弓弦响箭落，正中红心，金鼓齐鸣”（篇幅较长，此处省略N个字）……紧随其后，文聘、曹洪、张郃、夏侯渊、徐晃、许褚等人也射中红心，这等实打实的真功夫远比央视春晚那些偶像明星的假唱和走调要精彩的多。

看到武将们如此给力的表演，曹操大喜，便教诸多将士尽都上台，各赐蜀锦一匹。一时间乐声竞奏，水陆并陈，那叫相当热闹。文官武将轮次把盏，献酬交错，把酒联欢。晚会进行到一半，“操顾谓众文官曰：‘武将既以骑射为乐，足显威勇矣。公等皆饱学之士，登此高台，可不进佳章以纪一时之盛事乎？’众官皆躬身而言曰：‘愿从钧命。’”时有王朗、钟繇、王粲、陈琳一班文官，进献诗章，高声联唱《难忘今宵》，其时其景，那是相当的和谐。

不过，并不是每场的“春晚”都是安定团结的，偏安蜀地的刘汉政权某年的联欢晚会上，就曾闹出了一场血淋淋的命案，被刺杀的居然还是首辅大臣。

当时的蜀国卧龙先生早已升天，当家做主的是“阿斗”刘禅，首辅大臣为当年诸葛亮大力举荐的费祎。在联欢会上，蜀国群臣们照惯例喝喝酒谈谈天嗑嗑瓜子看看美女，在其乐融融的气氛中不知不觉已经转点到了深夜。就在这时，有一个魏国来的降将，名叫郭修，趁着大家疏于防范，三步两步来到费祎跟前，拔刀便刺。就这样，“祎欢饮沈醉，为循（修）手刃所害”。

一代名相，居然命丧“春晚”舞台，实在让人蹉叹不已。

三国居然早有“脱口秀”

提起“脱口秀”，相信大家并不陌生。“脱口秀”出于英语词组“Talk Show”，它的起源可以追溯到18世纪英格兰地区的咖啡吧集会，在这种集会上人们讨论各种社会问题。目前，在西方国家,“脱口秀”已经演变成一类电视节目，节目主持人往往因谈吐不俗深得群众喜爱。其实，早在我们有趣的三国时代，就已经有了“脱口秀”，其中的代表人物叫许劭。

也许，在现代人眼里，许劭在群星云集的三国时代可能还算不上一个明星。不过在当时，许劭绝对是一个不折不扣的“大腕”，因为，他是当时红极一时的“月旦评”的当家主持人。

何谓“月旦评”，原来在当时汝南郡读书人中，有一种儒雅风气，就是喜欢评论朝野知名人士，或褒或贬，无所隐讳。他们每在月初都要更换评论对象，称之为“月旦评”。当然，这“月旦评”的领军人物，就是我们刚才提到的许劭同志。可以看出,“月旦评”的性质有点类似现代当红的“壹周立波秀”，褒善抑恶、激浊扬清、嬉笑怒骂、针砭实事，成了广大群众泄“私粪”的地方。

由于“月旦评”具有广泛的社会影响力，因此当朝的一些达官贵人对许劭还是颇为忌惮。例如三国最漂亮的“草包”袁绍同志，出身豪门世家，喜好奢华。他由濮阳县令解任返乡，到了汝南郡境，就将送行的宾客和众多仆从遣散，说:“我穿着这么华丽的衣服，坐着这么华丽的车子，身边尾随着这么一大群人的情况是不宜被许劭看到的。”为免受许劭的抨击，他轻车便服地回了家。

看来，像袁绍这样的“官二代”，在拥有话语权的许劭面前，连喊一声“俺爹是李刚”的底气都没有。

不过，仅仅把许劭比作周立波，这可就太小瞧许劭了。也许，当周立波一边喝着咖啡一边和嚼着大蒜的北方人斗嘴的时候，我们的许劭同志已经悄然泡上一壶碧螺春，开始思考着一些更深层次的玩意，原来，许劭还承当了为朝廷“政治选秀”的任务。由于当时的朝廷选拔人才还没有实行科举制度，而是通过“举孝廉”的形式来推举为官之人。这种所谓的“举孝廉”，到了东汉末期，早已成了“官二代”、“富二代”们登入仕途的一种最佳途径，而这些无德无才之人，做官后往往胡作非为，鱼肉乡里。

作为民间舆论喉舌的许劭，在坐议乡党人物时，却是很有原则，不挟私情，而是利用自己的名望，竭力向朝廷举荐贤人，尤其是举荐那些有贤德却家居清贫的人。按现代话说,“月旦评”还有“草根达人选秀”的性质。例如，贩卖头巾的樊子昭，牧牛赶车的虞承贤，乡间种田的李淑才，送信跑腿的郭子瑜，这些“草根”经许劭“选秀”为官之后，皆能以才德治理乡郡，成为当地有名望的人。看来，许劭不仅仅是三国的周立波，还是包小柏甚至杨二车娜姆。

可见，许劭在当时是很有社会号召力的，就连后来驰骋天下的大人物曹操，在刚出道的时候，也要到许劭府上“拜会”一下请求品鉴。不过，这回曹操吃了闭门羹。为什么呢?

因为刚才我们说过，许劭是一个很有原则的人。曹操既是个“富二代”又是个“官二代”，更要命的是，曹操的爷爷还是个太监，自命清高的许劭当然是看不上曹操的。有句话说得好，流氓不可怕，可怕的是流氓有文化，于是曹操这个很有智慧的“高级流氓”，就像狗皮膏药一样每天贴着许劭。许劭被逼得没有办法，就说了一句很有名的话：小曹同志啊，你这家伙真是“治世之能臣，乱世之奸雄”。

看来，我们不得不佩服许劭眼光的毒辣老道，“治世之能臣，乱世之奸雄”这寥寥数语，就给曹操后来的人生轨迹做了一个精确预判。能得到德高望重的许劭老师的点评，我们曹操同学也极其荣幸地成了三国时代里一个可爱的“超男”。

曹操参加《非诚勿扰》的悲惨下场

《非诚勿扰》是当下一档极其火爆的电视相亲秀，试想曹操如果玩穿越来到节目现场结果会是怎样？保守估计，24盏灯必定全灭，理由如下：

一米六的个头

一米六身高的男性，参照当今女性审美标准，这是严重不及格的，估计仅此一项就要被众多美女一票否决，何况台上站的可是24名见过世面的毒舌女性。（据史料记载，曹操身长七尺，古一尺相当于二十三公分。）

长相酷似卡西莫多

长相丑陋，和女性心目中理想的韩流长相想去甚远，实在难入场上24位挑剔女性的法眼。（《世说新语·容止》载：魏武将见匈奴使，自以形陋甚陋，不足雄远国，使崔季珪代，帝自捉刀立床头。）

举止邋遢

曹操举止邋遢，不讲文明，胡子拉碴，而且吃东西（如花生米等）经

常不洗手，并且随地大小便。（详见高希希版《三国》）

梦游

这个极其糟糕的毛病，可比打鼾要严重得多，相信没有几位女性会容忍身边睡着个定时炸弹。（详见《三国演义》：曹操昼寝于帐中，翻身时被子掉落于地，一近侍拾被欲盖，曹操突然跃起拔剑杀之，复上床睡。半晌醒来，惊讶道："谁人杀我近侍？"）

好色

乱搞男女关系，经常流连夜店、红灯区等色情场所，口味颇重，和众多已婚女子关系暧昧。（据引：战宛城时，曹操有句名言："城中可有妓否？"）

名字不雅

名字难登大雅之堂，试想在某上流宴会，一熟人问MM："啊……啊……好久不见……，啊……刚交的男友啊，介绍一下名字嘛。"MM说："嗯……操。"可想场面之尴尬。

有不良前科

年轻时当过古惑仔，仇家不少，并且有偷窥嗜好。（《世说新语》：魏武少时，尝与袁绍好为游侠。观人新婚，因潜入主人园中，夜叫呼云："有偷儿贼！"青庐中人皆出观，魏武乃入，抽刃劫新妇，与绍还出。）

职业尴尬

MM大多虚荣，都希望自己的男人有个体面的职业，要不是海归，要不是某集团CEO，再不济也要是个"富二代"开个餐馆什么的。可曹操却是个养猪专业户，说好听点就是农民企业家。（参考考古队"砖冢"报告：

曹操墓挖掘出陶猪圈。）

婚前财产公证

主张婚前做财产公证，这和当代女性普遍企图通过婚姻来获得或分割丈夫财产的先进理念格格不入。（曹操临终云:“诸舍中无所为，学作履组卖也。”也就是说，当我女人还是去学门手艺先，想分我的财产还是断了这个念头吧。）

总结

一个身高一米六、长相丑陋、举止邋遢、名字粗俗不堪，并且好色、有前科、又搞婚前公证的养猪专业户，会入当代拜金+花痴的现代职业MM的法眼吗?

曹操刘备孙权，谁是当代好老公

在当今“剩男剩女”和“拜金主义”双轨横行的时代，想要找一份纯真的爱情也许不是一件很容易的事。当然，通过相亲等手段，速配自己的婚姻生活，也许不失为一件高效而有益的事情。如果我们玩一个穿越，把三国时期三大精英人物曹操、刘备、孙权摆上相亲“货架”，谁又是最让当代女性青睐的那一位呢?

相貌条件

不容置疑，相貌绝对是当代女性择偶的一个重要指标。在这点上，我们的曹操相当的吃亏。《魏氏春秋》上记载:“武王（曹操）姿貌短小。”《世说新语》也有曹操床头捉刀之说。可见曹操不仅在个头上吃亏，而且长相也蛮让人揪心。反观孙权、刘备两位，一个碧眼紫髯，体态魁伟，相貌奇特，骨架不凡，颇有点欧美男性的风范，这个在曾经到过江东的汉朝使者刘琬在“个人自传”里得到了证实；一个身长七尺五寸，换现代算法就是一米七五的标准身高。《三国志》还有记载：（刘备）喜犬马、音乐，美衣服。也就是说，刘备在着装打扮上应该挺时尚，这估计在女性眼里会加分不少。

家庭背景

对于通过相亲手段最后步入婚姻的人来说，家庭背景应该要远比相貌重要得多。先来谈曹操，经过老爸的老爸曹腾和老爸曹嵩数代家业积累，资产可以算是“富可敌城”。尽管名为宦官之后，在面子上不太好听，算不上贵族，但好歹也可归于不差钱的“煤老板”一类。孙权的老爹孙坚更不得了，“垄断”江东大片地盘，在那里把家族生意搞得风生水起。在这点上，我们的刘备也许比较吃亏。《三国志》记载：刘备少孤，与母亲贩履织席为生。可见，刘备并没有像曹操、孙权那样的“李刚”老爸撑腰，年少时只能自力更生，靠卖草鞋养家糊口。尽管后来靠着个人奋斗好歹混到“皇叔”这张文凭，但和之前的两位“富二代”相比，充气量只能算个“凤凰男”。

床上功夫

当然，对于当今成年女性而言，探讨异性的床上功夫已经不是一件让人难以启齿的事情。相反，性生活的质量恰恰是影响夫妻生活的关键因素。在这个方面，曹操绝对是个老手。《曹瞒传》记载：“太祖好音乐，倡优在侧，常以日达夕”，甚至在行军打仗也不忘打探“城中有妓否?”。孙权的性能力无论在正史还是在演义中并未有太多记载，不过从之前的相貌上的描述，可以推断他应该还是颇具男子汉的阳刚之气。至于刘备，从各方资料来看，他都不是一个好色的人，相反，上他的床都是一些男人。据《三国志》记载，刘备初遇关张二人时，“与二人寝则同床”，而在三顾茅庐请出诸葛亮之后，又是“寝则同榻”。正因如此，相比曹操25子、孙权7子，刘备仅阿斗等寥寥3子。

性格因素

所谓性格，往大里说就是世界观、人生观、爱情观，往小里讲就是两口子合得来还是合不来。结婚是一辈子的事，倘若性格不合，无疑给感情生活埋下了定时炸弹。但凡成大事的人，在性格上多少有些缺陷。比如曹操，就是一个多疑残暴的人。不过，在曹操《遗令》里也流露出他持家好男人的温柔一面：余香可分与诸夫人，不命祭。诸舍中无所为，可学作组履卖也。况且，曹操还吟着一手好诗。孙权和曹操一样，性格也颇为多疑，特别是在年纪大了之后，更是性情大变，残暴非常，滥杀无辜，甚至连儿子都不要了。而且，孙权还有个毛病，就是酗酒，至于酒醉之后会不会家暴，我们就不得而知了。当然，在三个人当中，口碑最差的应该还是刘备。因为“兄弟如手足，女人如衣服”这句千古名言，我们的刘皇叔不知得罪了多少女人。婚姻的前提就是尊重，和不尊重自己的男人同榻而眠，相信世间没有几个女人能有如此肚量。

如此看来，三国时代三大精英皆非佳婿，唉……

第5章

没有最雷，只有更雷的三国边角料

有家暴，有八卦，还有吃人。有美男，有偷窥，怎就没有高富帅？当然，行走在三国边角，我们还会发现，笨笨的阿斗原来很有爱，万能的丞相还会做汉堡，至于皇叔，也许受虐才是一种人生境界。

曹操刘备引领三国“吃人运动”

三国是个荡气回肠的时代。荡气回肠，难免就要有厮杀。厮杀下去，难免就要死人。死了人，难免就要让人难过。因此，我们的大奸雄曹操在诗歌《蒿里行》里面实实在在地难过了一把：“白骨露于野，千里无鸡鸣。生民百遗一，念之断人肠。”如此肃杀的风景，难免给这个英雄集结的时代贴上了灰暗的标签。

尽管曹操偶尔触景伤怀，但战争还是要继续下去的。打仗，就得继续死人。死了人，就没人种田。而恰在这个当口，天上的蝗虫也跟着“瞎胡闹”打劫了一把。于是，大约在初平、兴平年间（192~195年左右），史无前例的大饥荒开始了。走投无路的老百姓，终于在家庭食谱里添上了“人肉野菜堡”。《三国志·董卓传》记载：“时三辅民尚数十万户，傕等放兵劫掠，人民饥困，二年间相啖食略尽。”如此触目惊心的镜头，《资治通鉴》里也有记载：“自四月不雨，至于秋七月，谷一斛值钱五十万，长安中人相食。”

然而，在这场浩浩荡荡的“吃人运动”中，一向贴着仁慈标签的刘皇叔居然也不能幸免。小说《三国演义》里收录了这样一个故事：刘备被吕布所败，寻小路投许都。途次绝粮，尝往村中求食，夜半投宿猎户刘安家中。

刘安听说来客是皇叔，欲寻野味供食（当时中原正在闹饥荒，当然最终无果）。于是趁着夜黑风高，杀妻进食。刘备觉得奇怪，饥荒之年怎有如此上等美味，于是相问。刘安笑着答道:“刚打的狼肉。”刘备大抵也是饿坏了，张口便食，饭饱之后，倒头便睡，待天明时，往后院取马，忽见一妇人被杀于厨下，臂上肉已被割去。看到如此情形，刘备心里有数了。如此的好心招待，刘备仁慈的人品果断“爆发”，拉过了刘安的肩膀，泪眼蒙胧地安抚丧妻之痛。

这则赤裸裸的荒村暴力杀妻事件，就这般不疼不痒地一笔带过了。道别之后，刘备还是若无其事地做他那个流浪的皇叔，杀妻者刘安则被略有耳闻的朝廷重赏了一番（这是什么世道）。至于刘安拿着这笔赏金做了什么，演义里没有笔墨，想必是又买了几个娇妻回家，拿起菜刀研究起人肉的几种烹法了吧。当然，演义之言未必可信，但也未必不可信。刘备真是如此没心没肺之人？我们不妨再引入同时代文人王粲的《英雄记》的记载：兴平二年，刘备被吕布袭取徐州后，收拾散卒跑到广陵一带，“备军在广陵，饥饿困败，吏士大小自相啖食，穷饿侵逼”。由此可知，是时刘备的军中确实出现过吃人的现象。刘备即使没有亲口品尝一番，但对于这种现象，应该也是默许的。

当然，不光是刘备，就连他的死对头曹操，在写诗抒情之余，也半推半就地做了一把吃人的英雄。当时的事件是这样的：时天下饥荒，生灵涂炭，庶民流离，百业俱废。在这个当口，曹操认识到，自家的士兵不能总这么闲着，闲着要吃饭，打仗也是要吃饭，倒不如打几场战产生一下GDP。于是，曹操先后在徐州、濮阳同陶谦、吕布展开会战。战争离不开口粮，军中粮食缺口巨大，这可愁坏了担当后勤工作的程昱同志。但程昱是个聪明人，筹粮途中，瞧见路边百姓中老弱病残者，往往被体壮者开膛破肚，升起了“渺渺炊烟”（“是岁，人相食。”《三国志》），于是就有了主意。不日，曹营所需的军粮顺利筹备完成，其中，当然就包括了不少腌制的人肉

(“昱略其本县，供三日粮，颇杂以人脯。”《三国志》)。事后，曹操知道了原委，无奈人肉煮成了熟饭，早已下肚。再说，吃人家的嘴软，曹操也就不好意思再说程昱什么了。

相比刘备、曹操曾经吃人的窘迫，后来三分天下的孙权，境遇可要好多了。一是孙权成名之年中国的农业生产已经开始渐渐复苏（曹操、刘备在年纪上应该算是孙权的父辈），二是江东自古就是富饶之地。可惜，江东这张干净的履历，到了孙权的孙子孙皓的时候，竟给活生生糟蹋了。这个孙皓，本就是个顽劣之徒，登上了帝位后，生活就更加不堪了，平时富家子弟“泡泡妞、斗斗狗”这些毫无新意的玩法，早已不能满足他日益增长的“品味”。于是，孙皓同志开始“山寨”商纣的创意，以剥人脸皮、凿人眼睛为乐。后来，他玩瘾越来越大，终于开始吃人了。某日，孙皓设宴，因怀疑手下王蕃装醉，便命令砍下王蕃的脑袋，提到城外后山上，和几个随扈一起架个烧烤炉，添油加醋放点辣，然后像虎狼一样跑跳啃咬，直到把人头咬得稀烂，这才罢休。

如此看来，“吃人运动”在三国可谓长盛不衰的。只是，曹操、刘备吃人，尚有不情愿的苦衷，而孙权那宝贝孙子主动要求吃人玩乐，则实在是让人不寒而栗。

皇叔刘备居然领衔三国极品“受虐狂”

何谓“受虐狂”，心理学家弗洛伊德老爷子就曾做过如下解释：假如人生活在一种无力改变的痛苦之中，就会转而爱上这种痛苦，把它视为一种快乐。把痛苦视为一种乐趣的便可称为受虐狂。也就是说，受虐的本质是寻找一种快感。当然，在三国时代其实也早有如此行为前卫的高人，其中最著名的应该非黄盖莫属。

提起黄盖，玩过桌牌游戏“三国杀”的朋友应该对这个角色体会颇深：其自虐技能“苦肉”堪称变态；经典台词为“公瑾，请鞭挞我吧”，其呻吟让人直起鸡皮疙瘩。“周瑜打黄盖，一个愿打，一个愿挨”，这句流传千年的民谚，更是一针见血地指出黄盖是一个有着严重“受虐”倾向的男人。

我们可以想象，赤壁之战前夕，周瑜黄盖练兵之余为缓解压力，私底下玩玩“鞭挞游戏”放松一下，恰巧被曹操派来的奸细撞见，于是天才的周瑜灵机一动，将计就计，让黄盖诈降火烧曹营，取得了赤壁之战的胜利。就这样，我们的老黄盖因为一次偶然的“游戏”糊里糊涂就成了英雄。

不过，在那个狼烟四起的三国时代，黄盖生活的并不孤单，因为，同他有着相同嗜好的还大有人在，比如王祥。这个王祥，生母早逝，后母朱氏不喜欢他，在他父亲面前说王祥坏话。自古以来，耳边风都是一把温柔的“杀猪刀”，因此，王祥的父亲开始疏远他，派他去扫牛粪，但是王祥毫无怨言，仍然恭谨地侍奉父母。父母生病了，王祥忙碌地侍奉，亲尝汤药。尽管王祥对这位霸道的后妈可谓百依百顺，可朱氏并不善罢甘休，反而对王祥变本加厉百般刁难。

在一个极其寒冷的冬天早晨，朱氏一觉醒来忽然突发奇想，嚷着要吃鱼（那时还没有便利超市），王祥就来到河上，脱了衣服，用自己的体温来融化河面上的冰，这就是历史上著名的“卧冰求鲤”的故事。就这样，这个王祥俨如三国版的灰姑娘，他和他的后妈之间，诸如“卧冰求鲤”等受虐的情节就好像朱氏的“大姨妈”，每隔一月就要上演一次，从不间断。不过，对于这些后妈馈赠的“惊喜”，王祥全都尽情享受了。

“世上只有亲妈好，没妈的孩子像根草”，我们可以想象，过早失去母爱的王祥如何在“苛刻”的环境中悲惨生活。有句话说得好，生活就像受虐，如果无法反抗，那就是好好享受吧。于是，我们的王祥养成了受虐的习惯。不过，塞翁失马，未来的事情谁也说不准，王祥的“逆来顺受”最后竟然为他赢来了社会好名声。和黄盖一样，王祥后来居然“顺理成章”地荣登“中华二十四孝”的榜单，成了一个众口相颂的名人。

更有意思的是，不光是黄盖、王祥等穷人家出身的人有此爱好，就连我们有着“高贵血统”的刘皇叔也是个有着受虐倾向的男人。不过，比老黄盖厉害的是，刘备把活动场地直接搬到了床上，也就是说，皇叔是个典型的“性受虐狂”。为何这样说呢，还是让我们从史料里来翻找出答案吧。

《三国志》有记载，（刘、关、张）寝则同床，恩若兄弟，也就是说刘备年轻的时候经常和张飞睡在一起。张飞可是历史上著名的虐待狂，手下范疆、张达就是不堪他的百般凌辱，最后犯险行刺。和猛男张飞同榻而眠，有如与“狼”共枕。关起门来，里边发生的事情实在让人不得不浮想联翩。

当然，老是和男人同床，在那个相对保守的时代肯定是会招来非议的，于是刘备后来还是娶了老婆。只不过，刘备的“受虐行为”却一直没有中断过，这从他的小娇妻孙尚香的行为举止中就可看出点端倪。《三国演义》里就有提到，孙尚香下嫁荆州之后，侍婢数百，居常带刀，房中军器摆列遍满。可见，刘备的性生活极其“前卫”，富有“情调”，甚至十八般兵器皆派上用场。

只是好一个“侍婢百余人，皆执刀侍立”，让美女孙尚香从此背上了“河东狮吼”的刁妇之名。真不知，是孙姑娘秉性确实如此，还是我们的刘皇叔一再要求?

诸葛亮鞠躬尽瘁竟是因为“性抑郁”

近年来，诸葛亮一直是个颇有争议的人物。在近两千年漫长的封建年代，诸葛亮的身价不断被抬高，统治者更将他定位成“智慧化身”。可就是这样一位神一样的人物，到了近现代，江湖地位却一直被较真的“砖家”学者们质疑，鲁迅称之“多智乃近于妖”，按通俗话讲就是“妖人”。章太炎更直接地把诸葛亮划入同刘备一道谋害关羽的凶手，是个“罪人”。当然，学术“超男”易中天教授也不甘人后，提出了“蜀国之败始于诸葛亮”的说法，影射他是个“庸人”。

不过，无论诸葛亮被定性为“妖人”、“罪人”，还是“庸人”，但他鞠躬尽瘁的品质还是得到古今“砖家”的一致肯定。只是，我们如果按照“砖家”们的思路仔细追究，会惊奇地发现诸葛先生如此忘情地工作居然是缘于“性抑郁”。

为何说诸葛亮的鞠躬尽瘁是缘于“性抑郁”呢，我们先大致了解一下诸葛亮的婚姻结构吧。《三国志》引《襄阳记》记载的已经相当清楚，“黄承彦者，高爽开列，为沔南名士，谓诸葛孔明曰：‘闻君择妇；身有丑女，黄头黑色，而才堪相配。’孔明许，即载送之。”

在这场包办婚姻中，我们来端详一下最后步入婚宴殿堂的两个当事人：一个是皮肤粗糙黝黑、发泽黯淡无光的丑女子，一个是羽扇纶巾、飘飘然有如神仙之感的美男子。于是，民间流传起“莫作孔明择妇，正得阿承丑女”这般民谣。

我们可以推断一下，形象上如此巨大的落差，再加上社会上凶猛的流言飞语，恐怕会对两人的夫妻生活造成一定的负面影响吧？

那为何诸葛亮要娶貌不惊人的黄月英为妻呢？除了民间流传的黄月英有双巧手之外，更重要的还是她父亲的缘故吧。刚才《襄阳记》里说了，“黄承彦者，高爽开列，为沔南名士”。也就是说，黄承彦是个很有社会地位的人，他和荆州的大当家刘表是连襟。当年，荆州首屈一指的实力派人物蔡瑁（这位蔡大官人并非《三国演义》里描述的那般无能不堪），就把两个妹妹分别嫁给了刘表和黄承彦。通过岳父这层关系，我们的这位在当时还算毛头小子的孔明就和荆州的核心势力有了一定的交集。

也许，有人会问，诸葛亮并不贪财（这在他后来位居丞相高位依然两袖清风可以看出），为何要借着女人攀附权贵？其实，个中原因是很简单的，诸葛亮素来胸怀大志，他要的是名气。名气哪里来？汉末有着很有意思的“评议制度”，只要被当时当地公认的名士夸奖，就等于在身上镀金，以后的个人创业就会比较容易，这也就是为何早年曹操死皮赖脸要名士许劭评议的原因（许劭评价曹操为“治世之能臣，乱世之奸雄”）。

不过可惜的是，诸葛亮并非荆州本地人。诸葛家族是因为当时北方战乱，无奈从山东逃乱至此的。按现代话讲，是移民，非本地户口。因此，诸葛亮就不得不倚仗自己岳父黄承彦的关系圈了。

刚才说了，这个黄承彦是个不简单的人物，他不仅和刘表蔡瑁等权贵有来往，还和当地的名士庞德公、司马徽是铁哥们。为了提携这个颇有理想的女婿，黄承彦和几个知识分子一商议，先给孔明取了“卧龙”这个响亮的艺名，然后在当地的各显著位置投放了“得卧龙者安天下”的“广告牌”。这样，孔明的名气终于在当地响亮起来。

诸葛亮这个外来“农民工”身份摇身变成“海归派”，但这既然跟岳父的努力脱不了干系，那么他在小家庭中的话语自然就没有什么底气。女方的过于强势，肯定对诸葛亮的心理造成一定压力，甚至，有可能影响到性生活的质量。

那么，诸葛亮和黄月英的婚后生活究竟如何呢？当时没有“微博”也没有狗仔队，史书上也没有记载，因此我们不得而知。不过，我们可以通过一些有趣的片段揣摩一番。

一是来自《三国演义》著名的三顾茅庐。刘备数次寻访孔明不至，书童答道:“或驾小舟游于江湖之中，或访僧道于山岭之上，或寻朋友于村落之间，或乐琴棋于洞府之内。”也就是说，诸葛亮游山玩水去了。古时候女子是很少抛头露面的，因此我们可以大胆地判断诸葛亮是一个人逍遥快活地当起了“背包客”。俗话说，情到浓时方恨少，小两口恨不得整天腻在一起，可这两人婚后不久就要搞分居，而且一分开就是大半年，看来夫妻之间的沟通肯定就有了问题。

二是来自《三国志》的记载:“初，亮未有子，求兄子乔为嗣子。”也就是说，诸葛亮婚后一直没有子嗣，后来不得不从老哥诸葛瑾那边要了一个孩子过来。应该说,《三国志》要比演义严谨的多，诸葛乔过继过来的时候诸葛亮已经快四十岁了，这在古代已经到了做爷爷的年龄，可是孔明月英两人在床上居然“寸功未立”，可以想象两人的夫妻生活肯定难称和谐。

有了这两件事情作为铺垫，我们就能理解晚年的诸葛亮为何要一意孤行地大肆北伐了。一个人长期在床上“个人价值”得不到体现，当然只能把重心转移到工作上了，特别到了年老的时候，人就比较容易固执。于是，这位长年“性压抑”又身居高位的诸葛丞相不顾“国情”，六出祁山，直接把“床”搬到了硝烟密布的战场。少了巫山云雨，多了兵戈铁马。也许，在这个时候对于诸葛亮而言,“床”才是属于自己的。

不过，常年性生活的不和谐始终对于诸葛亮是个心结。对于这个终身遗憾，诸葛亮一直无法释怀，就在这位睿智老人弥留之时，居然做了一件颇让人寻味的事——送了对手司马懿一件带有香囊的少女的衣衫。“知我者，司马懿也”，也许，这位两鬓斑白的老人在人生的最后阶段，是多么渴望找个人一同缅怀当年的怀春少男情怀吧。

阿斗其实还是“环保人士”

众所周知，在经济高速发展的今天，工业大国中国正面临着一个比较尴尬的问题：那就是日渐恶化的生活环境。我们先来看一组数据：中国酸雨面积占国土资源的30%，二氧化碳、二氧化硫的排放均居全球前列，与日俱增的工业垃圾、生活垃圾包围了我国三分之二的城市。看着每年有数十万公顷绿油油的森林在眼前消失，真不知国人心里作何感想？好吧，让我们平抚一下心情，看看距今两千年前三国时代的“环保人士”们是如何提倡绿色生活的。

首先提到的这个三国人物名叫时苗，建安年间曾任寿春县令。这个人很有意思，他在任时一不骑马二不坐轿，天天乘坐一辆黄牛车前往衙门。按现代话讲，就是我们这位享受正处级待遇的国家公务员，愣是放着公家配备的奥迪、本田不用，天天骑着一架破“电驴”上下班。时苗如此以身提倡“节能减排”，这让当今那些公车私用，接老婆孩子大姨妈姑奶奶上班放学办私事，用尾气点燃腐败生活的公务员同志们情何以堪啊。当然，时苗此举绝不是为了作秀，此人在任期间两袖清风，为当地父老办了很多好事，受到老百姓的好评，当地老百姓亲切地称他为“黄牛令”。

无独有偶，三国还有个叫董奉的名医，医德相当的高尚，给人治病从来不计报酬，对于一些看不起病的穷人往往免收诊金，只是要求他们在自己的住宅边种上杏树，“重者种杏五株，轻者种一株”。可以看出，这是个一举两得的好方法，既救死扶伤，还绿化了环境。当然，董奉的宅子边不久就形成了一片杏林，每当杏熟，董奉用来换谷米救济贫民，人们称之为“董仙杏林”，后来杏林还渐渐成了医学界的代名词。

如果说，上述的两位环保人士还不够大牌，那么接下来登场的这位，可是鼎鼎大名的卧龙先生孔明。对于孔明的一生，我们是可以用“鞠躬尽瘁，死而后已”来概述的。这个兢兢业业的“人民公仆”，不仅能运筹帷幄于千里之外，还能栽花种草于方寸之间。

《出师表》里就有提到，“臣本布衣，躬耕于南阳……”也就是说孔明出道前算是个农民，种种地栽栽花养养鱼，生活那是相当“低碳”。后来被刘备请出山后，仍然保留了年轻时的一些生活习惯，淡泊明志，宁静致远。直到诸葛亮死的时候，仍保持着种树的好习惯，这在诸葛亮写给刘禅的遗书上就有提到：“臣家有桑八百株，子孙衣食，自可足用。”当然，诸葛亮在环保事业上的贡献绝不仅仅只是植树造林这么简单，因为他还发明了一种叫木牛流马的运输工具。这种工具不因风水，施机自运，不劳人力，也就是说木牛流马比现在的汽车等交通工具还要先进，因为它不用能源，还不会造成污染。看来，我们的军师果然神机妙算，预见了两千年后的今天油价一日三涨，早就为子孙后代们了准备了如此神奇的零排放交通工具。

更有意思的是，从小耳濡目染了相父诸葛丞相的“绿色生活”，我们天资一般的阿斗同志长大后也成了一名优秀的环保人士。为何这样说呢？当年，阿斗亲政，宦官黄皓和大将军姜维不和。阿斗是个老好人，两边都不想开罪，于是就对姜维说：“将军你手下也有八万人吧，闲着也是闲着，还得占用国家有限的预算，我看，不如把军队拉到陇西一带，开山造林种麦屯田，把我们蜀汉的后花园建设成‘绿色氧吧’啊。”可见，阿斗的态度是很明了，就是告诫黄皓姜维两人与其成天挖空心思搞政治斗争，不如把精力多花在环保公益事业上。不过，对于这个事件，后人从姜维的角度，被解读成了“屯田避祸”。

当然，阿斗在环保上的最大贡献还不在于此，而是他阻止了一场战争。当年，邓艾一支偏师突入蜀境，在蜀汉主力军队基本完整的情况下，我们的阿斗同志舆榇自缚，诣军垒门，坐在一辆骡车上莫名其妙就投降了。为何刘禅轻而易举就投降了？其实，阿斗心里暗暗算了一笔账：一场旷日持久的拉锯战，不仅导致上万百姓生命的丧失，还会使大面积的森林和植物惨遭毁坏，同时残酷的厮杀之后还会制造大量的战争垃圾，战争燃放的气体甚至还可能引发“温室效应”。仅仅为了一己私欲，追求战争GDP，以牺牲环境为代价，实在不值，于是阿斗同志思考再三，决定还是出城投降。

由此看来，阿斗绝对是个贤明的君王，因为他清楚地认识到，避免战争才是最大的环保。如果三国也有“联合国组织”，那么爱好和平的阿斗同志绝对有资格获得“环保终身成就奖”。

把老婆拱手让人的三国荒淫“官二代”

“官二代”在当代流行语中应该算个贬义词吧，大抵指一干依靠父辈权力胡作非为的混世魔王。一旦报端出现“官二代”字眼，总会招来良心未泯的劳动人民一片义正词严的“怒骂”。不过，“官二代”一词如若安在三国，其实也并非如此不堪，比如我们熟知的创业大佬曹操、孙权也是名符其实的“官二代”（曹操他爹曹嵩官至太尉，孙权老爸孙坚曾任职豫州刺史）。

当然，在三国时代，并非所有“官二代”都有如此励志的创业故事，其中也不乏败家子，比如韩综同志就是其中一位。纵观整个三国时代，这位韩少也许只是籍籍无名之辈，但他的父亲，可是响当当的吴国大将军韩当。《三国志》记载：“（韩当）以便弓马，有膂力，幸于孙坚，从征伐周旋，数犯危难，陷敌擒虏。”可以看出，在江东之虎孙坚的创业初期，韩当就是他坚实的左臂右膀，到了孙坚儿子孙权一世，更是“封石城侯，迁昭武将军，领冠军太守，后又加都督之号”，逐渐到达个人权力和荣誉的顶峰。

由于常年在外征战，韩老将军总觉亏欠儿子太多，于是对这个“留守”在家的宝贝儿子总是有求必应，娇宠万分。随着年岁的增长，这位韩少逐渐表现出了异于常人的兴趣雅好：一是抢别人的女人，让别人“解放”双手；二是抢别人的路，让别人无路可走。《吴书》有这样一段记载：“（韩综）因诈言被诏，以部曲为寇盗见诘让。”讲的就是韩综带着一干爪牙，欺男霸女，豪取民资。如有胆大反抗者，韩少就会大放厥词道：“俺爹是‘军区司令员’，你们一干屁民，有本事就去‘上访’嘛！”由于事情确实做得太过分，民怨极大，于是乡人联名上书，终于告到了孙权处。

孙权一听居然有这事，于是派人把韩少带到了“检察院”，关起门来狠狠地教训了一顿，但碍于韩当情面，并没有加以深究（“综淫乱不轨，权虽以父故不问。”《三国志》）。“我爸是韩当”，似乎成了这位混世魔王的免死金牌，韩综的行事，也越发的跋扈起来。不过，再硬的靠山也有垮掉的一天，韩当老同志终于熬不过年月的风霜，倒在了岁月的石碑下。见老爹被阎王爷请去“喝茶”，我们不可一世的韩少终于急了。被孙权请去“喝咖啡”的往事还历历在目，韩综担心孙权会来个“秋后算账”，咔嚓要了自己的脑袋，于是寻思着叛逃。可是他明白他的手下平时都是鱼肉乡民之徒，关键时刻能否死心塌地的跟随他，这是个问题（“综内怀惧，欲叛，恐左右不从。”《三国志》）。

韩综在床上辗转反侧几日之后，终于想出了一条“万全之策”：择取一个良辰吉日，在自己的豪华会所里隆重办了一个“PARTY”。酒会过半，韩综除却先前通明的灯火，换上几盏幽暗的烛火，只见堂上翩翩散落玫瑰花瓣，一干面拂薄纱的女子纤足排列，立于堂前。将士们见此情景，一头雾水，不知何故。韩综也不答话，微笑着走到一位女子面前，轻去面纱，道：“此女子是本人的三姨太，如各位不介意，今晚她就是你们的。”然后依次褪去诸女面纱，“这位是九姨太，那位是远房表妹……”（“到尽呼亲戚姑姊，悉以嫁将吏，所幸婢妾，皆赐予亲近。”《吴书》）

由于韩综先前霸占了几乎所有的女性资源，因此手下鲜有机会享用鱼水之欢。见这位不靠谱的花花少爷居然能做出如此“靠谱”的事情，平时恶贯满盈的手下们顿时热泪盈眶，在酒香风月之际狠狠地被感动了一把，于是异口同声："誓死报答韩少知遇之恩，有何吩咐请言明，在下赴汤蹈火，在所不辞。"用几个小老婆就换回了部下的忠心，韩综脸上微微一笑，于是把自己的计划说了一番。在女色和美酒作用下，"荷尔蒙"被感动得一塌糊涂的部下们也不多想，糊里糊涂地全上了贼船，于是"杀牛饮酒歃血，与共盟誓（《吴书》）"。

率众叛逃魏国后，出于"统战"的考虑，韩综被魏明帝封为广阳侯，继续当他的官少爷。在闲晌之余，韩综也耐不了寂寞，于是重拾往昔的"雅致"，赶上好天气，总会邀上几个手下，游荡在东吴边境，杀几个平民百姓逗逗乐（"数犯边境，杀害人民。"《三国志》）。对于韩综这样一个无恶不作的叛国者，孙权一直耿耿于怀（"权常切齿。"《三国志》），怎奈曹魏家大业大，一直苦无对策。直到孙亮之世，"摄政王"诸葛恪领军反攻魏国，才斩杀了这位混世公子，取其首级，终以告慰孙权在天之憾。

三国的愚人事件

三国时代，兵戈铁马群雄并起。无论是坐拥一方的军阀头子，还是打酱油的平头小百姓，日子都过得如履薄冰小心翼翼，生怕一个不小心就被别人要了脑袋。当然，在如此高强度的生存环境下，偶尔开开小玩笑，也许还能舒缓埋藏在心里的某些焦虑。比如，割据荆州的刘表就是一位开玩笑的高手。

众所周知，荆州自古以来都是兵家必争之地，北方的曹操拥兵百万早已对此虎视眈眈。外有强敌，人一般有两种反应，一是招兵买马奋起抗争，二是醉生梦死消极逃避。我们胸无大志的刘表，当然选择了后者。于是刘表每日都大宴宾客，夜夜笙歌。

曹丕在《典论酒诲》里是这么写的:“(刘表) 又设大针于杖端，客有醉酒寝地者，辄以针刺之。”可以看出，刘表在逃避现实的同时，还不忘开点小玩笑，谁要是喝醉了，就用针扎醒，接着再喝。

除了刘表，割据江东的军阀孙权也是个幽默的主子。揶揄手下，成了孙权缓解紧张的军事生活的调节剂。

史料上有记载，诸葛亮的老哥诸葛瑾长着一张驴脸。一天，孙权召集大臣们，差人牵一头驴来，在驴的脸上挂一个长标签，写上：“诸葛子瑜（诸葛瑾）。”可以想象，大庭广众之下被“愚乐”，诸葛瑾的表情应该是相当难堪。就在这个相当尴尬的节点，诸葛瑾的宝贝儿子诸葛恪“跳”了出来。“恪跪曰：‘乞请笔益两字。’因听与笔。恪续其下曰：‘之驴。’举座欢笑，权乃以驴赐恪。”就这样，老实的诸葛瑾因为一场玩笑意外地在财产薄上添上了一头毛驴。

不光是孙权，甚至连一向不苟言笑的诸葛丞相也有童心未泯的时候。

《三国志》作者陈寿的老师谯周相貌滑稽，他刚出道的时候，有次去丞相府拜见诸葛亮，结果诸葛亮手下一帮子人见了谯周，居然都忍不住笑了起来。等谯周出去了，还有人笑。有一个比较严肃的官员看不过去了，推了那个笑的人一把：“别笑了，在丞相面前严肃点。”结果诸葛亮来了一句：“我都忍不住想笑，何况是你们呢？”这个有趣的事件在《蜀记》里就有记载（“周初见亮，左右皆笑。既出，有司请推笑者，亮曰：‘孤尚不能忍，况左右乎！’”）

不过，玩笑绝不仅仅是用来消遣的，有时还可以用来保命，我们大名鼎鼎的安乐公阿斗同志就是一位娴熟的“愚乐”高手。

蜀汉灭国后，阿斗被押至许都软禁，一日，魏国的实际掌权人司马昭宴请宾客，特地为阿斗演唱故国蜀地的乐音舞蹈，在旁的人们都为亡国感到悲伤，但阿斗却欢乐嬉笑，无动于衷。当然，阿斗不求上进的表现，司马昭可是看在眼里喜在心里。

后来，司马昭开玩笑地问刘禅：“你很思念蜀国吗？”刘禅说：“这里很快乐，我不思念蜀国。”司马昭听了哈哈大笑。恰巧蜀国前官员郤正听说了司马昭捉弄阿斗的事情，于是就悄悄对阿斗说：“如果晋王再问起时，你应哭泣着回说，先人的坟墓都葬在蜀地，于是心向着西面而悲伤，没有一天不思念呀。”

当然，开玩笑是容易上瘾的，正巧司马昭再次遇见阿斗，又想愚弄他一番，问了相同的问题。刘禅便照着郤正教他的话回答，说完并闭上眼睛，想装出要哭的样子。司马昭于是说:“为何你刚才所说的话，像是郤正的语气呢?”刘禅听了大惊，睁眼望着司马昭说:“您的话确实没有错。”左右的人都笑了。于是，司马昭彻底对这个亡国之君放心了。

只不知，在这场著名的“愚乐事件”中，究竟是司马昭“愚乐”了阿斗，还是阿斗“愚乐”了司马昭?

三国的偷窥事件

中国人有句老话叫做“非礼勿视”。此话尽管说的义正词严，但难免有戴“道德高帽”之嫌。其实，偷窥源自于人类天生的好奇心，是人人都具有的欲望（弗洛伊德语）。因此，偷窥的行径，尽管不登大雅之堂，也不全是伤风败俗，翻开史料，但凡有人类“出没”的地方，就难免写有“偷窥”的影子，其间不少甚至还传为佳话。比如，我们熟知的才女卓文君，在酒会上偷窥了一眼司马相如，竟然暗定终身，促成了千古乐道的姻缘。

我们把目光转向颇为戏剧的三国时代，来探悉一把离奇的偷窥事件的话，这里面肯定是少不了“顽主”曹操。《世说新语》有这样一段记载：“魏武少时，尝与袁绍好为游侠，观人新婚，潜主人园中。”讲的就是曹操和袁绍少年时候好行古惑仔之事，有事没事总要折腾点动静出来。恰巧有天一家大户人家新婚，曹操和袁绍一商议，决定潜入洞房，近距离观摩新人的鱼水之欢。当然，现场版的“3D肉蒲团”总会让人情不自禁，何况是曹操袁绍这样血气方刚的少年。也许是观摩的太过投入，户主听到声响，以为有贼，立马，十数名手持火把的家丁围了过来。曹操和袁绍见势不妙，拔腿便跑。趁着月黑风高，两人眼看就要逃出了“包围圈”，可匆忙间，袁绍一个踉跄，掉进带刺的灌木丛中，动弹不得。曹操急中生智，大喊一声："贼人藏灌木丛中！"这一喊，可把袁绍吓得不轻，也顾不上腿上的棘刺，一个狗急跳墙，狼狈地消失在夜幕中。

当然，偷窥男女行房之事并不能满足少年曹操的欲望，于是，曹操决定玩回大的。这次，曹操没有叫上笨手笨脚的袁绍。《异同杂语》记载："太祖，尝私入中常侍张让室。"张让是谁？皇上身边的红人，东汉末年最吃香的太监，张嘴可以要人脑袋的。曹操这样一个屁点大的男孩，躲在太监房间里面想作甚？原来，自汉代始宫中就有了"对食"的风气，太监和宫女之间可以结为"夫妇"，搭伙共食。我们可以做个猜想，曹操本是阉党之后，对于祖父曹腾（太监）如何过性生活一直颇感兴趣，于是铤而走险，来看个究竟。当然，曹操的行径还是给人发现了。不过，有了上次偷窥逃亡的经验，曹操的身手敏捷了很多，于是"耍花枪，一个后空翻，腰身跟着转，马步扎的稳当"，翻墙而出，逃之夭夭（"让觉之，逾垣而出。"《异同杂语》）。

偷窥并非男人的专利，有时，女人也可以疯狂地"窥"上一把（例如前文里的卓文君）。《世说新语》里记载的"韩寿偷香"，就是一出颇为离奇的香艳韵事。这个韩寿，是三国时魏司徒韩暨的曾孙，长的可谓一表人才。后来曹魏势弱，韩寿遂拜司马集团的骨干贾充门下，做份文秘工作混口饭吃。贾充有个女儿，叫贾午，每次她爹开官员会议的时候，都要从窗户偷窥韩寿。看来，男色真是一贴慢性毒药，日子久了，贾午居然心神不宁，茶饭不思。贾午的丫鬟自作主张，给两个孤男寡女牵了红线，如此一来二往，竟然真给勾搭上了。后来贾充知道了这事，无奈生米煮成熟饭，只好将韩寿纳为"上门女婿"。从偷窥到偷情，再到冠冕堂皇地完婚，这对偷情人终成眷属颇是让人玩味的。

除却"韩寿偷香"，《世说新语》里还语焉不详地描述了一位熟女的偷窥经历，事件的经过是这样的：三国名士山涛和嵇康、阮籍一见如故，成了挚友，经常夜不归宿。日子长了，山涛妻子韩氏不免起了疑心，觉得他们三个男人的交往很不正常（“山妻韩氏，觉公与二人异于常交”），于是要求丈夫把嵇康、阮籍带到家里来给自己看看。在当时，女人面见丈夫的男性朋友，是有悖礼法的，于是韩氏寻思了一个办法：“偷窥”。

山涛是个“妻管严”，尽管韩氏的这个要求有些离谱，但还是点头了。于是，嵇康和阮籍应邀赴约，酒足饭饱之后，山涛给两人安排了一厢单房，韩氏悄悄地猫在外头，偷窥二人起居。《世说新语》通篇没有记载嵇康、阮籍究竟在房间里头做了什么，反正，韩氏居然在外头看了整夜，依然意犹未尽（“夜穿墉以视之，达旦忘反”）。事后，山涛小两口还就“偷窥”成果进行了一番暧昧的讨论。山涛问：“昨晚神马情况？”韩氏答：“那俩哥们给力。”山涛问：“比我如何？”韩氏幽幽道：“你嘛，浮云。”（公入曰：“二人何如？”妻曰：“君才致殊不如。”）只是，两个男人，一个房间，究竟能整出什么高水平的花样来，这实在让人浮想联翩。

三国四大美男离奇的人生结局

闲读三国，发现一个很有趣的现象：这个时代不仅遍地英雄，而且还“批发”帅哥。当然，这是有理可依的。我们先来看一组数据：东汉末年全国人口约为五千余万，到西晋统一时，魏、蜀、吴三地的人口可能总数才七百六十余万，不及原来的七分之一。

尽管数据看上去不太人道，但恰好印证了达尔文“物竞天择”的观点。两百年的征战，打掉了“歪瓜裂枣”，在弱肉强食的生物进化历程中，最后唯有“优势基因”能保存下来。因此，在汉末纷争到西晋一统的短短不到两百年间，出现了人中吕布、赤壁周郎、羽扇孔明、飘然嵇康、玉面潘安、雅容卫玠等数十位有名有姓的帅哥（后两位划归西晋），这在后来的两千年里是很罕见的。

不过，有句话讲得好，幸福是个比较级。同样，帅哥也是比较级。尽管周瑜（壮有姿貌）、赵云（姿颜雄伟）、孔明（容貌甚伟）等人在后世享有极高的人气和知名度。但可惜，在三国时代的顶级帅哥榜单里，他们其实还排不上号。现在，让我们来走近三国时代的极品帅哥，触摸一番他们离奇的人生轨迹。

孙策：死于毁容的江南（江东）首席美男

从古至今，江南好出美男，而江南的美男，当然非以孙郎马首是瞻不可。这里的孙郎，就是孙策。孙策相貌如何，我们也找两个“参照物”：一个是孙权。

孙权是孙策的亲弟弟，民间传说对于孙权的描述如下：“碧眼紫髯、方颐大口、形体魁伟、骨体不恒。”可以看出，孙家可能有欧美人的血统。生物界有个现象，叫杂种优势，中欧混血想必不会难看。

另一个是周瑜。周瑜是个很有能耐的帅哥，他年轻时仰慕江东孙郎的名声，所以前往拜见，两人一见如故，成为知交。能让素有大志的周瑜甘心做个跟班，孙策的气度应该不差。

当然，对于孙策的魅力指数，《三国志》也给出了明确的描绘：“策为人，美姿颜。”寥寥数语，一针见血地点出了孙策的美男形象。“好笑语，性阔达听受”，可以看出这个孙郎不仅外表俊秀，而且还富有幽默感，这是非常讨人喜欢的，因此“士民皆呼为孙郎，百姓闻孙郎至，皆失魂魄，士民见者，莫不尽心，乐为致死”。能把江东百姓迷得神魂颠倒，肝脑涂地舍命相随的，纵观整个三国，恐怕也只有孙策吧。

不久，帅气的孙策就惊动了“中央”。挟天子令诸侯的曹操不禁感叹：“猘儿，谓难与争锋。”淮南称帝的袁术也附和道：“使有子如孙郎，夫复何恨?”不过，帅气是把“双刃剑”，孙策成名于美貌，也毁于美貌。孙策有个叫许贡的手下暗中通敌，被其斩首。许贡的几个门客发誓要替主人报仇，于是在孙策打猎的地方设下埋伏。孙策不备，被暗箭所伤。打仗受伤，是件再正常不过的事，可不巧的是，孙策伤在面部。

《吴历》有这样一段记载，孙策受伤，医生告诉他，这伤可以治，但应好好养护，不能有剧烈活动，也不能动怒。某日，孙策闲来无事，拿过镜子自照面目。窥见“满目疮夷”的镜中人，孙策追思当年翩翩似水年华，心中愤然，对左右侍从喊道:“如此丑陋的脸，还怎么能建功立业!”于是，奋起虎威，大叫数声，创口迸裂，一代帅哥竟然就这般英魂覆灭，实在让人可惜。

崔琰：命丧“文字狱”的江北头号型男

如果江南男子多婉约，那么江北男子应多豪放。参照金庸先生的武侠理念，我们不妨划江为界，在美男界标出“南孙策，北崔琰”这个名头。这个崔琰，在正史中的成色可要比《三国演义》里重得多。根据《三国志》记载,“(崔琰）声姿高畅，眉目疏朗，须长四尺，甚有威重”，是地地道道的北方头号型男。富有传奇色彩的是，这位帅哥还曾在当时的国际峰会上充当了曹操的替身，这在《世说新语》中就有提及。

当年，曹操统一北方后，声威大震，各少数民族部落纷纷依附。北匈奴派使者送来了大批奇珍异宝，请求面见曹操。曹操这人文韬武略，但有个先天不足，就是个子矮（应该一米六左右)。为了能在气势上压倒匈奴，曹操请来了头号帅哥崔琰，要他做回替身接见使者。这个崔琰也不负众望，在使者面前表现的得体大方，很好地完成了外交任务。

不过，尽管崔琰顺利地完成了曹操交代的“外交任务”，但最终仍逃不了身陷囹圄的命运。事件起因是这样的：曹操因功勋卓著,“被”汉献帝分为魏王。朝中不少文臣，认为曹操有僭越之嫌，心心暗暗不平。恰巧此时，有个叫杨训的“知识分子”却大拍曹操马屁（“称赞功伐，褒述盛德。”《三国志》)，为众人所不齿。有意思的是，这个杨训恰好是崔琰推荐的（崔琰当时在朝中担任“组织部部长”一职)。于是,“时人或笑训希世浮伪，谓琰为失所举”。

崔琰是个文人，文人好名声，于是他坐不住了，立马把杨训叫来喝茶：“省表，事佳耳！时乎时乎，会当有变时。”这本来是安慰杨训，捎带对那些吹毛求疵之人发一点牢骚而已。但不幸的是，中国文字博大精深，有嫉妒崔琰相貌者向曹操煽风点火，说他是“傲世怨谤”。一贯生性多疑的曹操很生气:“谚言‘生女耳’，‘耳’非佳语。‘会当有变时’，意指不逊!”于是，这位江北头号型男因为“莫须有”的文字狱，被无端赐死了。

何晏：连美女都嫉妒的混世艳男

何晏在三国是个很微妙的人物，此人面如珠玉，整日涂脂抹粉，按现代话讲，叫做伪娘（颇有点韩国男星的风范）。天生娘娘腔在尚武的三国是很难混下去的，不过幸运的是，何晏身在了好人家。他的养父，就是权倾朝野的曹操。曹操有个毛病，就是喜欢上别人老婆的床，既然上了床，就得给名分。何晏的母亲被曹操占了便宜之后（曹操为司空时纳其母），就带着这个拖油瓶儿子住进了曹府。

曹操有个习惯，就是提倡节俭，宫中一日三餐多以粗茶淡饭为主。曹操儿子曹植的老婆，就是因为买了一件浮华的衣服，最后惨遭棒杀。奇怪的是，对于整日遛狗斗鸡好着华服的何晏，曹操却总是睁一只眼闭一只眼。

为何曹操对这个养子的溺爱超过了自家的公子？个中原因恐怕还是何晏长着一副如花似玉的脸，曹操不忍责骂。那么，何晏是如何“惊世媚俗”呢？

《三国志》记载:“(何晏) 动静粉白不去手，行步顾影。”行步顾影，有点像现在的“猫步” (可参考《金陵十三钗》玉墨的步态)。《世说新语》里还有这样一段描述：何晏面容姣好，皮肤吹弹可破（“美资仪而色白”），大家都怀疑是因为他涂了粉底，于是设了个局，在酷暑之日请他过来喝热汤。何晏随即汗如雨下，赶忙用衣服拭去面庞的汗水，令人惊叹的是，“卸了妆”的何晏却愈发显得妩媚（“朱衣自拭，色转皎然”）。

不过，虽然何晏长着一张伪娘的脸，但性取向上可是实在的纯爷们。他利用上天赐予的姣好面容，到处拈花惹草，吃尽女孩子豆腐。而且，何晏还有个特长，就是有一手高超的马屁功夫，擅长写一些诗赋歌颂当权者。

因此，尽管屡次调戏良家闺女，也从未招来祸害。不过，何晏的举动还是引来了结发妻子金乡公主的不满。这位公主有次回娘家，到母亲的内室诉苦："晏作恶日甚（《三国志》）。"没想到，母亲笑笑地说："女儿啊，你是嫉妒何晏漂亮吧（'汝得无妒晏也。'《三国志》）"？

后来，何晏依附的曹爽集团垮台，这位纨绔子弟终于成了司马家族的阶下囚。何晏还想施展他的"美男计"和"马屁功"同司马懿套近乎，可是老辣的司马懿不吃这套，找了个借口，一刀把这个混世魔王给咔嚓了。

袁尚：手足相残的富家花瓶

贵公子袁尚的韬略在三国时代也许并不出众，但他的美，却是绝伦的。《三国志》记载："（袁尚）貌美，（袁绍）后妻刘有宠，而偏爱尚。"可见，美男子袁尚是个很专业的"师奶杀手"。不光是女性，就连袁绍本人对儿子的相貌也颇为惊叹，甚至有把家族产业传给袁尚的想法（"绍亦奇其姿容，欲使传嗣"）。不过，这个美男有个先天不足，就是体质不行。文艺点讲，就是披着贾宝玉的皮囊，却落下林黛玉的病根。当然，这倘在秦淮景致的南宋年间，也许会留下一段佳话，可在三国乱世，这却是一个祸害。

当年，袁绍的老对手曹操亲征刘备，许昌空虚，谋士田丰建议袁绍奇袭曹操老巢。可不巧的是，袁尚却在这节骨眼上患上风寒。古代的医疗条件不如现代，于是袁绍决定亲自照顾这个貌美的儿子，便拒绝了田丰的建议，错失把曹操一锅端的良机。不过，袁绍家庭版的"爱江山更爱美男"并未传为佳话，随即，丧失先机的袁绍便在官渡之战中惨败给曹操，不久便气闷身亡。

袁绍身死之后，集团内部出现了短暂的权力真空。于是，审配、逢纪迎合老上司遗志，拥立袁尚为家族接班人。这一人事安排，当然引起了长兄袁谭的不满（袁绍有三个儿子，袁尚是最小的），于是袁谭果断投靠仇人曹操，一直把袁尚赶到了辽东。可这个袁尚，并不愿接受家道中落的现实，寄人篱下还一副少爷的做派。于是辽东的主人公孙康设下“鸿门宴”，将袁尚一举擒拿，捆起来扔在冰冷的地上。这位三少爷哪里有受过这般苦，请求主人给个坐垫。公孙康特幽默地回了句:“哥们，你那个漂亮的脑袋就要出远门了，还要坐垫干什么?”就这样，我们的一代美男身首异处，灰飞烟灭了。

可见，美貌是把“双刃剑”。孙策因美貌赢得了江东百姓的拥护，崔琰因美貌获得了交口称赞的美誉，何晏因美貌享尽人间美色，袁尚因美貌取得了家族遗产，但可惜的是，这四位三国时代的极品美男，最后的结局都是死于非命。也许，这就是“红颜薄命”吧。

三国其实没有“高富帅”

中国女性们向来有颗驿动的心，数千年来，万千粉黛们的择偶观一直飘忽不定，无论是寒酸的文艺青年司马相如，还是油头粉面的富家阔少潘安，都曾在女人们的情爱史上，泼下了浓重的笔墨。抛开悠远的历史，拿近点说，自新中国成立以来，女同志们的审美标准也由风靡一时的“工农兵”，悄然渐变成如今的“高富帅”。不过，倘若把如今女子的眼光移步到英雄辈出的三国时代，我们会惊奇地发现，竟然鲜有男人能通过“考核”。即使三国时代的缔造者曹操孙权刘备，恐怕也是不能达标的。

我们先拿三国的“男一号”曹操同志做个参照。曹操是个“富二代”，这是没有任何非议的。曹操的老爹曹嵩，在当时可是富甲一方的主。东汉末年的朝廷，有个离奇的制度，就是花钱能买官。曹嵩某日心血来潮，就一掷千金给自己捐了太尉一职，过了一把官瘾。有如此殷实的家境，曹操做人的底气自然“宏大”了不少。不过，人生最悲催的事情恰恰在于，再多的钞票，也叠不出三公分的高度，当然，这事居然让曹操给遇到了。

对于曹操的身高，《三国演义》用了“身长七尺”四个字进行描述。当然，这个指标如果按照三尺一米的换算，那倒也罢，可惜的是，古人的一尺，大约只有现在的二十三公分。也就是说，曹操实际身高大约一米六多一点。对于这点，《魏氏春秋》也有类似的记载，“（操）姿貌短小”。《世说新语》还记载了这样一个八卦的故事：某日，匈奴使节来访，曹操可能觉得自己身高对不起观众（当时还不流行方舟子口中的增高鞋），恐怕会有失国体，于是就找来一表人才的手下谋士崔琰冒充自己接待使者，自己则扮演卫士，提了一把刀站在崔琰旁边做了回跟班。

相比于曹操的先天不足，也许老对手刘备的境遇要好上一点。《三国演义》里描述刘备身高大约是“七尺五寸”，也就是现在的一米七二左右（跟韩寒等高），虽然谈不上魁梧，但也勉强“压线”。不过，如若翻开刘备的相貌和家境，恐怕就要让女人们揪心了。《三国志》有这样的记载：“（备）垂手下膝，顾自见其耳。”手能触及膝盖，眼能目视耳朵，如此体格古怪的男人，倘若行走在寂静的夜路上，经过的女子恐怕大多要吓得花容失色了。更让女子们难以释怀的是，刘备“少与母贩履织席为业”（《三国志》），也就是说，刘备的老板是他妈，而他妈是个摆地摊的。这般家境，断然和“富”是沾不上边的，如此看来，刘备唯一能胜过曹操的，恐怕也只有身高了。

不过，看到老对手们接连栽在“高富帅”这个苛刻标杆下，偏安江东的孙权却怎么也笑不出来。因为，这个标杆，对于他来说同样醒目。孙权有个老爹叫孙坚，孙权还有个老哥叫孙策，这爷俩给孙权在江东“买”下了大片土地。山高皇帝远，相对于当时中原地区寸土寸金的“高房价”，孙权同志在江东慵懒的阳光下，还是蛮惬意地做着他的“富二代”。不过，和曹操一样，除了耀眼的“荷包”，孙权的其他指标恐怕也是难入美眉慧眼的。

《三国演义》是这样描述孙权的长相，“方颐大口，碧眼紫髯”，也就是说，孙权在国字脸上“捆绑”了大把的络腮胡子。国字脸、络腮胡，这一度曾是中国女性心中的审美典范，只可惜，这副还算端正的“美版”长相，在如今“韩版”小白脸当道的今日，恐怕已经风光不在了。更要命的是，《三国志》里在描述孙权的体貌上，还附上了“长上短下”四字，顾名思义，就是上身比下身长。按照现代审美学的观点，以肚脐为界，上下身理想比例应为五比八，也就是“黄金分割”定律。如此看来,“长上短下”恰恰暴露了孙权和曹操一样的身高缺陷，腿短。腿短，自然不高，不高，自然是难担“高富帅”这个重担的。

依此看见，千百年前叱咤三国时代的风云人物们，倘若有幸流转今世，徘徊在女同志们指定的“高富帅”三项指标面前，恐怕也只能俯首无言，仰天长叹了。

三国也多“家庭暴力”

有句古话是这样说的,“嫁鸡随鸡，嫁狗随狗”。也就是说，女子出嫁后，不论丈夫好坏，都要永远跟从。可见，中国妇女在封建社会是没有地位的。如果嫁的丈夫秉性好，那还算是幸运。如果嫁的丈夫脾气不好，那苦日子可就来啦。在我们三国时代，就有许许多多鲜明的“家庭暴力”案例，在这里，我们闲谈一二。

首先，我们不得不再提一个苦命的女人，她就是猎户刘安的结发妻，一个连姓氏都没有的女人。

当时，刘备到刘安家这一带“调研”工作，作为皇叔的“亲密部下”，请“领导”吃顿饭拍拍马屁是应该的。吃饭就要喝点小酒，可巧的是，当时刘安刚好没有像样的下酒菜。怎么办呢，像介子那样割块腿肉下来配酒，又下不了手。于是，刘安做了一个艰难的决定，就把还在为刘备张罗饭菜的老婆，一砖头给拍了做了盘红烧肉，还煞有介事地说，这是刚打的狼肉，特新鲜。真不知，当时刘备可有在“狼肉”里吃出指甲。

更可悲的是，面对这场血淋淋的家庭暴力，当时“领导”的反应令人“匪夷所思”。刘备知情后只是称谢而别，曹操听说刘安杀妻为食之事，乃令孙乾以金百两往赐之。当然，刘安之妻仅仅是封建礼教“吃人”制度下千万女性受害者中的区区一个。

而面对残酷的家庭暴力，并不是每位妇女都能够逆来顺受。接来下要登场的这位，正是通过自己的“不懈”抗争，最终把丈夫送上了断头台。这位“勇敢”的妇女名叫胡氏，她的丈夫是当时蜀汉政权的重臣车骑将军刘琰。

事情经过是这样的，蜀国有这样一个风俗，就是每逢新年，朝中大臣都派自己的妻子到后宫向太后朝贺拜年。琰妻胡氏入贺太后，太后令特留胡氏，经月乃出。也就是说，胡氏在宫中待了整整一个月才回家。因为刘琰和胡氏属于老夫少妻，胡氏有几分美色，而且颇有艺术细胞，能歌善舞，于是刘琰觉得老婆可能红杏出墙，自己被傻瓜皇帝阿斗戴了“绿帽子”。于是,“呼卒五百挝胡，弃遣”。这个刘琰手也是够狠的，找来手下五百个军卒群殴自己的老婆，并用鞋底愣是把一个花容月貌的粉脸抽成了猪头，最后把胡氏扔出了大门外。

这个胡氏也不是省油的灯，马上到有关部门“信访”，控诉刘琰的暴行，告其诽谤君王。消息传到了宫里，吴太后和刘禅都大为震怒，很快刘琰就被夺官下狱，最终弃市街头。胡氏这个“文艺女干将”，通过抗争终于为自己讨回了公道，算是封建妇女维权少有的成功案例。当然，从本质上讲，刘琰被杀并不是因为自己殴妻，而是触犯了封建统治者的利益，如果当时换做是你到皇宫门口大喊三声“阿斗你个二百五”，估计也要被斩首示众。

不过,“家庭暴力”的弱势者也并非全是女性，有时可怜的男人也会沦为牺牲品。比如，接下来我们要谈的阿斗的老爹，编草鞋的皇叔刘备。尽管刘备年轻时候吃过女人的肉，也说过“女人如衣服”等没心没肺的话，但要刘备打女人，估计还是做不出来的。相反，刘备恰恰是“家庭暴力”的受害者。

当时刘备没有自己的地盘，于是只能委身在孙权“堂口”上混。孙权觉得刘备也是个人才，想拉拢他，于是就把妹妹孙尚香许配给刘备。这个孙尚香才捷刚猛，有诸兄之风，身边侍婢百余人，皆亲自执刀侍立。刘备每入，心内常觉凛然惊惧。诸葛亮曾回忆说：“主公（刘备）在公安时，北畏曹公之强盛，东惮孙权之进逼，近则惧孙夫人生变于肘腋之下；当此之时，进退狼跋。”也就是说，每次行房的时候，孙尚香总要求侍婢佩剑悬刀，立于两旁。甚至我们还能遐想连篇，手铐、脚链、铁鞭，中间放着一张大床，这不正是日本限制级影片的场景么？也许，就是这赤裸裸的“性暴力”，才使刘备和关羽张飞越走越近……

诸葛亮发明了汉堡

坊间有这样一个段子，一个老外到中国旅游，回去之后逢人便说："中华民族真是一个勤劳的民族，每天早上不管我起多早，经过的街道，常常可以看到路旁的招牌上都写着："早点"，"早点"，"早点"。真是催人奋进啊。"

当然，这只是一个笑话而已，但也无意中掀开了富有中国味道的早餐文化。在中国名目众多的早点当中，馒头应该算得上是个"带头大哥"，而且，它还和中国历史上大名鼎鼎的诸葛亮有些渊源。

但凡中国人都知道，诸葛亮是个天才，天才的军事家，天才的政治家，天才的语言学家……在小说家的笔下，诸葛亮可谓无所不能，当然，他还是个天才的发明家。诸葛亮毕生发明的小玩意不只品种不少，而且大多申请了"专利"获得了"冠名权"，比如说诸葛弩、孔明灯等等。在他的众多发明中，馒头是最为无意而为的一个。

当年蜀汉先主刘备为关羽报仇攻打孙权未果，最后郁郁寡欢托孤白帝城。蜀国南边的南蛮洞主孟获见"刘家"势力根基未稳，不断寻思闹"独立"。于是，诸葛亮亲自带兵征讨南蛮，不仅大获全胜，还引出"七擒孟获"这般千古佳话。不过，就在诸葛亮班师回朝的路上，却遇到了点小麻烦。“诸葛亮平蛮回至泸水，风浪横起兵不能渡，回报亮。亮问，孟获曰：‘泸水源猖神为祸，国人用七七四十九颗人头并黑牛白羊祭之，自然浪平静境内丰熟。’亮曰：‘我今班师，安可妄杀？吾自有见。’遂命行厨宰牛马和面为剂，塑成假人头，眉目皆具，内以牛羊肉代之，为言‘蛮头’奠泸水，岸上孔明祭之。祭罢，云收雾卷，波浪平息，军获渡焉。”

由此看来，馒头的起源还颇有几分浪漫主义神话色彩。自诸葛亮以“蛮头”代替人头祭泸水之后,“蛮头”刚开始就成为宴会祭享的陈设之用。晋束《饼赋》就有记载:“三春之初，阴阳交际，寒气既除，温不至热。于时享宴则蛮头宜设。”阳春三月，万象更新，祭以“蛮头”，为祷祝一年之风调雨顺。后来，人们觉得“蛮头”有些可怖，慢慢地就用“馒”字换下了“蛮”字，写作“馒头”，一直沿用至今。

当然，如果我们还原当年诸葛丞相所制“蛮头”的真面目：用面粉和成面泥，捏成人头的模样儿蒸熟，里面夹上牛肉等馅。这等外观同如今便民早餐车里卖的雪白的可爱的馒头相差甚远，倒是和洋快餐店里头陈列的“巨无霸”等食物颇有相似。更有趣的是，不知历史是在玩“擦边球”还是巧合，如今在肯德基、麦当劳里头卖的“Hamburger”音译就叫“汉堡”，不就正是让我们好好地缅怀一把两千年前的这位“鞠躬尽瘁、死而后已”的蜀汉代表人物诸葛丞相吗？

第6章

求关注的三国配角、龙套们

三国其实是本百家姓，不姓刘，不姓曹，不姓孙，也不姓诸葛关张。砸掉英雄们的聚光灯，我们的酷哥宅女、情趣达人、江湖草根、人气配角们，不分贵贱地抱团呐喊：『其实，跑龙套的野百合也有春天。』

三国被严重低估的四大名将

有句老话说的好，不想当将军的士兵不是好士兵。在三国那个全民皆兵的战争年代，自然涌现出了诸多优秀名将。我们可以根据武力排名列出“一吕二赵三典韦，四关五马六张飞，七许八黄九姜”，甚至连王双、文鸳等一些二三流的武将也时常为人们在茶余饭后谈起。当然，三国名将们时隔千年还能被人们津津乐道，肯定是有《三国演义》的功劳。不过，面对名将如云的三国，罗贯中难免有些力不从心，一些低调的实力武将最终和读者失之交臂。现在，就让我们来拾演义之遗珠，寻找一下那些隐匿于历史长河里的名将们。

高顺：力压张辽的一流战将

提起高顺，就不得不提张辽。就是张辽这位威震逍遥津打得孙权满地找牙的名将，在若干年前居然还只是给高顺打个副手的份。不过，在那个时候他们的领导吕布还很风光。

当然，这个曾经力压张辽一头的高顺，确实也是一位有两把刷子的人物。我们先来看一下裴松之注解的《三国志》:“顺为人清白，有威严，不饮酒，不受馈。所将七百余兵，号为千人，铠甲、斗具皆精练齐整，每所攻击，无不破者，名为陷阵营。”

“陷阵之志，有死无生，有去无回，有我无敌”，军规严密的“陷阵营”在性质上应该有点类似现代的“海豹突击队”。正因“陷阵营”的强悍，名将关羽、夏侯惇在小规模的遭遇战中均成了高顺的手下败将。只可惜，高顺生不逢时，他的领导吕布是个轻率的人。高顺曾经经常劝谏吕布说：“凡是破家亡国的君主，并不是手下没有忠臣和能臣，是因为君主不能用人。将军每次的言行举动，都不肯深思熟虑，在事后却推诿于‘失误’，将军的这种失误太多了。”

不过，对于高顺的忠言逆耳，吕布全当了耳边风，最后导致了在同曹操交战中全军覆没。破关后，同样沦为阶下囚的三位名将的气节也全然不同，吕布乞求生机不得；张辽在一番思想斗争后降了曹操；只有高顺，拒不投降，最后以身殉主。替高顺惋惜的是，为了吕布这样一个不值得去卖命的领导，一流战将就这般将星陨落。

麴义：有实无名的河北第一名将

评价一个人的水平，可以看他的对手。麴义的对手公孙瓒就是一位非常了不起的人物。《后汉书》曰：“瓒常与善射之士数十人，皆乘白马，以为左右翼，自号‘白马义从’。乌桓更相告语，避白马长史。”威震塞外，乌桓“乃画作瓒形，驰马射之，中者辄呼万岁，虏自此之后，遂远窜塞外”。可以看出，由公孙瓒领导的白马义从是支具有相当规模的部队，北方的异族部队更是畏之如虎。

可这样一位令强大的乌桓军团闻风丧胆的白马将军，却在麴义面前栽了跟头。“绍令麴义以八百兵为先登，破之”（《三国志》），这就是历史上著名的界桥之战。袁绍首席大将麴义以八百先登军抵御了公孙瓒强悍的白马义从轮番进攻。此役之后，白马义从从此一蹶不振。

不过，作为一个军人，麴义为人刚烈、孤傲的性格给他带来了倾覆式的灾难，因为他的老东家袁绍是个外宽而内忌的人，虽然看上去一副礼贤下士的样子，实则性多猜忌，果于杀戮，对麴义这样功高盖世、文武双全而又不会附迎的下属自然不会放心。《后汉书·袁绍传》记载麴义“自持有功，骄纵不轨，绍召杀之，而并其众”。可见，在消灭公孙瓒大局已定的情况下，袁绍最后还是将麴义这位首席功臣给果断诱杀（并非如演义描述被赵云刺死）。

田豫：令皇叔执手相别的低调高手

田豫是个很低调的人，早在跟公孙瓒混的时候，刘备就很看重他（当时刘备也寄在公孙瓒门下）。后因母亲年老，田豫请求回乡，刘备还一把鼻涕一把眼泪地与他告别，说：“只恨不能与君一起建立大业。”

公孙瓒兵败袁绍后，田豫率部下投奔曹操。后跟随曹操之子曹彰讨伐乌丸，恰遇敌人埋伏下骑兵偷袭，曹军一时乱作一团。田豫临危不乱，根据地形，淡定地用战车围绕成圆形战阵，弓弩手拉满弓守在里面。胡人攻不进来，便溃散了。大军乘势追击，大破敌兵。在远征乌丸的军事行动中，田豫还给曹彰出了不少的好点子。曹彰特别欣赏他，就推荐给曹操，让他担任了幽州刺史。

可以说，田豫是魏国北方防御的屏障。伐鲜卑，伐乌丸，伐辽东，田豫可谓战功卓著，与此同时，他精心训练幽州兵和投降的少数民族骑兵，每年向国家提供一大批精兵和战马，是魏国兵员最主要的输出源。要知道，曹军在西线和南线作战的最骁勇善战的兵马都来自幽州。不过，田豫性情孤傲，与他人很少来往，朝廷给他的赏赐他都分发给了部下将士。每次胡人给他个人送来礼品，他都登记好收入官府，从不拿到家里，因此他家中常常贫困。正因如此，他没有金钱疏通和上级的关系，所以一直得不到晋升，以致在历史的“功劳本”上被遗落了大名。

陈到：媲美赵云的优质偶像

如果说演义抬高了赵云的地位，那么，陈到就是一位被演义完全低估的名将。这位当年在蜀汉集团同赵云齐名的人物（“叔至名到，汝南人也。自豫州随先主，名位常亚赵云，俱以忠勇称。”《三国志》），居然被罗贯中直接无视了。

尽管通篇演义几乎只字未提，但这位自刘备创业初期就一直对刘备不离不弃的军人还是得到了刘备充分的信任。诸葛亮在给兄长诸葛瑾的信中提到：“陈到所督，是先帝帐下的精锐，蜀国的上等部队。”诸葛亮书中的上等部队，其实就是刘备精锐的御林军白毦兵。也就是说，陈到是刘备亲信特种部队队长，至少是之一（另一位应该就是著名的赵云）。

白毦军的历史相当“悠久”，早在刘备主政豫州时期，就亲手组建了这支军队。从那时起，这支部队就一直受陈到领导。白毦兵的战斗力究竟有多强，史料鲜有记载。在军队建制前后长达三十四年的时间里，只有一些野史对其有零星的记载：刘备猇亭战败以后，陈到亲率数百白毦死士击退数万东吴追兵的进攻，为刘备败退白帝城争取到足够的时间。当然，面对溃退的刘备，东吴追兵并无斩尽杀绝之意，但白毦兵的骁勇善战还是令人刮目相看的。正因功勋卓越，到了刘禅一朝，陈到官至永安都督、征西将军，封亭侯。

宁死也不当皇帝的三国“人气王”

东汉末年，皇权没落，群雄并起，衣锦华贵的、逐鸡逗狗的、卖草鞋的、种地的、打铁的、卖盐的，全都摇旗揭竿，拉点兵马趁着这趟乱世的浑水抢一杯羹，割据一方，胆子大的，更做起了天子梦。无论是恃玺骄纵的袁术、挟帝号令的曹操，还是装模作样的刘备，甚至诸如马相、张举等无业草寇，但凡有点能力的，全有了坐拥天下的心思。不过，就在这样一幅全民抢当天子的热闹画卷中，却也有例外，譬如接下来要登场的这位刘虞同志，就是一位志存高洁的“另类”。

我们的刘虞同志，可是正宗的汉室宗亲（这和“贴牌”皇叔刘备不一样），曾官任太傅，后领幽州牧。刘虞镇守幽州时，为政宽仁，深得人心，相邻青州、徐州等地的士族和百姓，为躲避黄巾之乱，慕名投奔的前前后后竟有一百余万人（当时帝国总人口不过三千万人）。面对数目如此庞大的移民，刘虞展现了过人的政经才华，竟然都给收留并安置工作，“失业率”更是远低于当时各势力集团平均水平。

更难能可贵的是，刘虞虽为“国家高级干部”，却从来不享受“特供产品”，带头抵制“公款吃喝”，并身体力行倡导“低碳生活”，穿着打着补丁的破衣服办公，请客吃饭也只是三菜一汤（“虞虽为上公，天性节约，敝衣绳履，食无兼肉”）。刘虞同志的亲民政风，在当地刮起了一阵“小清新”，远近原本作风奢侈的豪门旺族，竟悄然在他的感化下改变风气。

可正当刘虞把治下打理的风生水起时，帝国的神经中枢洛阳却发生了一件大事：董卓篡权，幼帝被废。

见董卓凭借“个人意志”，擅自扶立陈留王刘协（汉献帝），一向心气颇高的袁绍自然不满，于是找来冀州刺史韩馥以及山东诸将，商议道：“同志们，董卓太不像话了，换皇帝这么大的事，也不和哥们几个打声招呼，这不是搞一言堂嘛。董卓现在可是元老重臣啦，我们算什么？恐怕离流寇草莽不远啦。我看，不如另立幽州人气王刘虞为皇帝，好歹人家也是汉室宗亲，这样我们就是开国元老嘛。”

议事商定，袁绍等人兴冲冲地找到了刘虞，说明了情况，未想却遭到一盆扑面冷水。刘虞厉声痛骂道：“你们几个啊，还嫌天下不够乱嘛？不好好为国家尽点微薄之力，还在这里打自己的小九九。你们这算什么？明摆着搞国家分裂嘛。历史的罪人，我刘虞当不起，也不想当（‘今天下崩乱，主上蒙尘。吾被重恩，未能清雪国耻。诸君各据州郡，宜共戮力，尽心王室，而反造逆谋，以相垢误邪！’《后汉书》）。”热脸贴上人家的冷屁股，袁绍等人自觉讨了个没趣，心里虽生怨恨，可无奈刘虞句句在理，也就不好发作，只好怀揣着鬼胎，各自切齿散去。

打发了袁绍的刘虞，日子过得却不再太平，原来，治下的公孙瓒拥兵自重，蠢蠢欲动。察觉公孙瓒已有“僭越”之心，刘虞决定先发制人，向州治各地下达了讨贼檄文。不过，接到檄文的袁绍等人，却对此置若罔闻（估计还在生上回拥立被驳的气）。当然，刘虞压根也没有想要袁绍这个人情，因为凭借在幽州超高的人气，刘虞不费工夫就纠合了十万将士。

征战伊始，刘虞慷慨激昂地下达了一个温柔的必杀令：“同志们，此番举义兵实属万不得已，各位不要伤及花花草草，只杀公孙瓒一人就行了

(戒军士曰:“无伤余人，杀一伯珪而已。”《后汉书》)。” 不过，打仗可不是搭个台、拜个“选票” 那么简单，刺刀面前，神马人气都是些浮云。殊不知，一幕黑云，正不知不觉间悄然向刘虞遮掩过来。

当时的情形大致是这样的：刘虞集结的十万大军（赤壁之战孙刘联军的规模也不过如此）堵在公孙瓒家门口。公孙瓒登楼望去，一片黑压压的人头，心头一惊，寻思着如何逃跑，可无奈四周被围得水泄不通，既有遁地之术，恐也难以逃脱，只得硬着头皮下令坚守。

可一连几天，也不见城外有丝毫动静，公孙瓒心生疑窦，走马跑到城边一打探，只听见城外传来阵阵口号声:“里面的人听着，你们已经被包围了，坦白从宽，抗拒从严，放下兵器，开城投降。”公孙瓒可是久经沙场的老手，一听这架势，乐了，于是立马回营，召集精锐勇士三百，寻个当口，顺风纵火，趁势突袭。

刘虞的大部队们，还在热闹地摇着红袖章，扯着嗓门喊口号，只见白马飘飘百余骑掩着黄沙，扑杀过来，一时全愣在原地傻了眼。刘虞是“文科”出身，怎见过如此架势，于是心中一慌，拔头便跑。

其实，倘若刘虞压住阵脚，迎面还击，还是有很大胜算的（毕竟人数上占了绝对优势)。可是若比马快，刘虞却怎么也比不上马背出身的公孙瓒。不日，狼狈逃窜的刘虞就被逮个正着，被五花大绑地押回军中。

看着蓬头垢面的老领导，公孙瓒颇为几分自得，奚落道:“领导啊，您这是何苦呢？放着亮堂堂的龙椅不坐，跑到这里玩躲猫猫。要不，我给您接风洗尘，再叫几个乖巧的裁缝连日打造件龙袍如何?”

刘虞虽败，气节仍在，正色道:“国家之所以羸弱不堪，就是你们这班逆贼倒腾出来的。今天我收不了你，他日自然有人收你。”

公孙瓒碰了一鼻子灰，心中顿生杀机，幽幽地撂下狠话:“既然您老人家是天命之子，天子蒙难，上天自然会鼎力相助。我们不妨做个赌约，如若今日风雨交加，您做您的天子，如若今日依然艳阳高照，恐怕您老就要和这个世界说再见了。”

刘虞闭上眼睛，缓缓答道:“天，不会下雨的；天，不会刮风的；天上，有太阳。别废话，来吧。”（“先坐而咒曰:‘若虞应为天子者，天当风雨以相救。’时，旱势炎盛，遂斩焉。”《后汉书》）

就这般，这位毅然无视众人的左拥右呼，执意不肯登上龙椅的人气王，最后却阴差阳错地被送上了断头台，成了大汉帝国庙堂里一缕孤独的青烟。

三国的无名高手

中国人向来都有武侠情结，在流传翻阅《三国演义》的时候，非要将里面的英雄人物按武力折腾个排行榜，因此民间就有了“一吕二马三典韦，四关五赵六张飞，黄许孙太两夏侯，二张徐庞甘周魏，神枪张绣与文颜，虽勇无奈命太悲，三国二十四名将，打末邓艾与姜维”这样的说法。当然，三国时期勇者如云，罗贯中先生纵使百般细心，勇冠三军的臧霸同志，还是被老先生给直接“忽视”了。

人如其名，臧霸有着一个霸气外露的名字。可遗憾的是，《三国演义》里但凡有着威猛名字的人物，行事起来却总是不堪一击。例如吕布的岳父豹哥（曹豹），只一回合就被张飞斩落马下；江东的严白虎同志，更是在同孙策的较量中，被打的丢盔弃甲满地找牙。当然，臧霸也落入了这个窠臼，在老先生笔下，他鲜有出场机会，只是在无关痛痒的场合里图一个亮相，打一场“酱油”。不过，如若翻开《三国志》，情形却是大相径庭。

《三国志》有这样一段话：“（臧霸）父戒，为县狱掾，据法不听太守欲所私杀。太守大怒，令收戒诣府，时送者百余人。霸年十八，将客数十人径于费西山中要夺之，送者莫敢动，因与父俱亡命东海，由是以勇壮闻。”讲的就是臧霸的父亲原是个“地方小公务员”，因为不堪“领导”的胡作非为，被收监入狱。年仅十八的臧霸闻讯，便引领数十个勇士道中截劫。百来个全副武装押送犯人的监送者见到这个架势，竟然全都呆若木鸡，瑟瑟不敢妄动（一点职业精神都没有），从此，臧霸两父子浪迹天涯。如此酣畅淋漓的“越狱”行动，应该算是《水浒传》里英雄好汉劫法场的原始版本吧。

后来黄巾起义，天下大乱，军阀混战，群雄并起。乱世之中，英雄终有用武之地，骁勇善战的臧霸选择了追随同样素有威名的吕布，南征北战，多有战功。后吕布兵败，臧霸隐居江湖，曹操素闻臧霸大名，于是重金聘邀其策马出山（“既禽布，霸自匿，太祖募索得霸，见而悦之。”《三国志》）。臧霸为报曹操礼遇之恩，在后来对抗东吴势力的征战中屡次身先士卒，立下汗马功劳。不过，对于这位“半道投诚”非嫡系的臧霸同志，一向多疑的曹操始终未放心地交予兵权，在军事行动中多以安排副手之职。

后来曹操“驾崩”，曹丕继位。就在这个敏感的政权交接当口，臧霸向时任都督的曹休建议道：“如果国家现在给我步骑万人渡江南下，在下一定能立刻送上孙权的项上人头（“若假霸步骑万人，必能横行江表”）。”不过，臧霸纵有豪情壮志，可惜政治智商低得可怜。曹操多疑，怎想曹丕较其父有过之而无不及。如此霸气的个人宣言，当然引起了新政权班子的不安。

曹休把情况向曹丕汇报后，曹丕开始担心臧霸有了自立门户的打算（当时曹魏不少部众认为曹操去世，天下将乱，都擅自逃离军伍），于是开了张“空头支票”，肯定了臧霸锐意进取的精神，实际上却迟迟不给发兵，后来，又趁臧霸来朝共商国是的时机，夺了臧霸的兵权，给了个闲职（这简直就是刘邦智夺韩信兵权的翻版）。从此，这位一代高手拉开了终日和花草虫鱼为伴的“闲情时光”。

在《三国演义》里被无视的“无名高手”绝不止臧霸一人，至少，阎行也可以算上一位。根据《魏略》记载，作为西凉军阀韩遂私人保镖的阎行，年轻时在当地就已经有一定知名度。就在此时，处于人生青春正茂季节的阎行，做了一件个人职业生涯最为荡气回肠的事情。可遗憾的是，这件事情竟然几乎不为后人所熟知。

事情大抵是这样的：西凉两军阀韩遂、马腾发生冲突，兵戎交接。马腾之子马超（前述的江湖榜单上排行第二，一吕二马三典韦）武力超群，一时间马部势力占了上风。阎行见状，策马扬鞭，自取马超。马超自恃力大，奋起相迎，未料阎行兵器一转，直取马超咽喉。马超大惊，急转马头，锋芒划喉而过（“遂与马腾相攻击，行尝刺超，矛折，因以折矛挝超项，几杀之。”《魏略》）。只一回合，几乎秒杀马超。

此时此景，颇为让人纠结。要知《三国演义》里，许褚裸衣斗马超，可是“衣带渐宽终不悔，厮杀缠绵三百合”，张飞挑灯战马超，可谓“白天不懂夜的黑，决战天明欲断魂”。如此这般惊天动地的高手对决，竟然在阎行的一招半式间就给拆解了。

由此看来，三国时代顶级无名高手，非阎行莫属了。

三国最“酷”的男人

“酷”是当代中国流行语中颇具有代表性的一个词语，大抵意思就是“潇洒中带点冷漠”，或衣着打扮特立独行，或言行举止充满个性，或精神气质剑走偏锋。不过，三国时代如曹操、孙权、刘备那些创业大佬们是无暇扮酷的。试想如若一个走神，人才也许就从眼皮底下溜走，落入别人的“荷包”。相反，他们还需想方设法三顾茅庐礼贤下士筑巢引凤。当然，时间从激荡风云的创业时代流转到了格局相对平淡的守业时代，就出现了一些离经叛道的酷哥，其中的翘楚应该就是嵇康。

这位嵇康同志，是个不折不扣的帅哥。对于嵇康的相貌，史料里有这样的描述：“正尔在群形之中，便自知非常之器。”套用王菲那首《传奇》里的歌词就是：“只因为在人群中多看了你一眼，再也没能忘掉你的容颜。”长得帅，当然就有了耍酷的资本，嵇康除了写写诗、谈谈琴之外，还有个古怪的爱好，就是躲在深山老林里打铁（“性绝巧，能锻铁。”《文士传》）。也许，正是这铁锤在火红的矿石上撞击的声音，总能让嵇康“肾上腺素”莫名高亢吧（其艺术表达形式，颇有点现代重金属摇滚的味道）。

当然，如此有型的“摇滚诗人”，在当时肯定是非常受欢迎的。《世说新语》有记载，有位叫钟会的年轻人（大书法家钟繇的儿子，就是后来密谋和姜维造反的那位），早就对他仰慕已久。

某天，钟会写了一篇自认为很不错的文章，想请嵇康给点指导意见，可望见嵇康酷酷的背影，居然拘谨不安，竟将文章往屋里一扔，扭头就跑了（“于户外遥掷，便回急走”）。后来钟会做了高官，心里有了底气，于是带了一大批随扈再次造访嵇康。未料，在官老爷面前，嵇康依然继续在家门口的大树下旁若无人地“摇滚抒情”（打铁）。被人当做空气，钟会终是觉得无趣，于是悻悻地决定离开。

这时，嵇康终于酷酷地蹦出十个字：“何所闻而来，何所见而去？”钟会并非什么音乐“发烧友”，于是尴尬地回答道：“闻所闻而来，见所见而去。”

江湖上关于嵇康的传说还远不止这些，《晋书》记载了这样一个离奇的故事：一次嵇康上山踏青采风，一时玩得兴起居然忘记了回家。天快黑时候，一位砍柴归来的农夫恰巧撞见嵇康。农夫本就没见过什么世面，见如此气度不凡的酷哥站立面前，一言不发，难免让人紧张。如此一个僵持，农夫终于“HOLD”不住了，倒头便拜，磕头如捣蒜，口中念念有词，万分惊恐和虔诚。看来，这位可怜的农夫把酷毙的嵇康当成神仙了。

不过，耍酷并不是“摇滚青年”的专利，和嵇康同时代还有一位人物，叫阮籍，也是地地道道的扮酷高手。这个阮籍，有个绝活，就是“目露白光”，走在大街上无论遇到谁，都是酷酷地一个劲翻白眼。

《世说新语》记载着这样一个故事：阮籍家正对面是间酒家，酒家老板娘是个风韵的女人，因此，阮籍有事没事喜欢到那里沽二两酒，每次喝醉了，就会躺在老板娘身边。孤男寡女共处一室，鸡飞狗跳恐怕是难免的。一来二往，就有了风言风语，此事被女人的老公知道了。未料，此人听说酣睡在老婆旁边的是阮籍，竟然不加计较，还打圆场道：“阮籍是个酷哥，觉不会干出如此苟且之事的。”

当然，如果说酷一阵子就做装逼，那么一辈子都保持酷酷的风格，那就是真的酷。阮籍就是一位酷到骨子里的男人。《世说新语》还记载着这样一个故事：阮籍有天正和棋友赌棋，恰巧老妈归天了。惊闻信使来报，棋友方寸大乱，忙说："贤弟，你赶快回家给老人办后事吧。"未料阮籍岿然不动，淡定地说道："这棋局还未下完，慌啥？"酷到如此地步，棋友顿时无言以对（"（阮籍）母终，正与人围棋，对者求止，籍留与决赌。"《世说新语》）。

不过，三国时代最酷的男人并非嵇康、阮籍之辈，而是一位叫孙登的隐士（和东吴太子同名）。

这位孙登同志，是个爱情素食主义者，因此没有妻室。此人行事"不走寻常路"，别人想方设法要在市中心"蜗居"，他却独自在北山挖掘土窟"穴居"。孙登还有个习惯，就是特别享受"低碳生活"，无论何时何地，他都身着一件单衣。当然，在炎炎夏日这还好办，到了寒冬腊月，恐怕就会有点麻烦了。不过，孙登是酷哥，酷哥总是能寻到办法的，于是他留着"披头士"发型，一丈多长，披盖在身上借以御寒(也许这是犀利哥的最早模板)。

如此酷的后现代主义风格，甚至连嵇康、阮籍两位清高的酷哥都对孙登"叹为观止"。

有一次，阮籍奉"摄政王"司马昭之命登山拜访孙登，找话题和他交谈，孙登却一字不应。两人对视了半晌，阮籍终于按捺不住，正要开口，孙登大手一挥道："莫再讲。"如此又过了一些时辰，阮籍又欲开口，孙登轻拂袖口道："莫再提。"如此几个折腾，天色渐晚，阮籍只好告辞出来。等来到半山腰时，上面传来鸾凤之音，抬头一看，原来是孙登怡然自得地吹着口哨。

再来说说嵇康，上文提到，嵇康是位"发烧友"，听说孙登用一根弦琴就能弹出曼妙音符，觉得不可思议，于是登门求教，跟随他游学数载，竟然一无所获。每次与之交谈，孙登都是酷酷地默不作声。及至嵇康将离别时，对孙登说:“先生，您难道竟无临别赠言吗?”孙登这才幽幽地动了一下嘴唇:“少年才优而识寡，劣于保身，其能免乎（此情景，同钟会拜见嵇康时何其相似)?”果然，不久之后嵇康因为一起桃色事件被司马昭所害。

由此看来，嵇康、阮籍虽酷，却难免被名利所累，侍奉官场（嵇康官拜中散大夫，阮籍曾任步兵校尉)，而如孙登，终老山林，不问世事，真不愧是三国最酷的男人。

三国最有情趣的武将

历代以来,“情趣”一词似乎只与文人靠边。比如，三国时代才高八斗的陈思王曹子建同志就是一位情趣无双的贵公子。我们不妨顺手撷取《洛神赋》的一个片段:“翩若惊鸿，婉若游龙。荣曜秋菊，华茂春松。仿佛兮若轻云之蔽月，飘摇兮若流风之回雪……”如此美幻的软文絮语，即是换做今天，想必也会使万千女子“失魂落魄”一番。

当然，曹子建能有此闲情雅致，大概是因为几乎不用上战场的。但凡在沙场厮杀过的男子，见识了尸横遍野的血肉模糊，总会慢慢铁石心肠起来，情趣也慢慢消减下去。名将臧洪，兵败城破之时竟然杀妾分食；猎户刘安，乱世之中居然烹妻求名。

相比之下五虎上将张飞就要有情趣的多。张飞本是杀猪出身，在那个兵荒马乱的时代，这般成分估计是很难寻到良家闺女的。不过，张飞有个颇有情调的习惯，就是喜欢登山，即使前线战事如何紧迫，只要有功夫，张飞总会到山上采风踏青一番。张飞的这个好习惯，后来竟然给他带来了一位如花似玉的娇妻。

事情经过在《魏略》上是有记载的:“建安五年，时霸从妹（夏侯渊侄女）

年十三四，在本郡，出行樵采，为张飞所得。飞知其良家女，遂以为妻。”看得出来，人类一切可能的感情模式，都被这座不知名的小山消化了：偶遇、私奔、忘年之恋、一见钟情、暗定终身。夏侯氏这位豆蔻年华出身名门的小女孩，就在这座情意绵绵的小山里悄然成了张飞这个老光棍的媳妇。

不过，相对于张飞的灵光一现，曹操的从弟曹洪的手段可要高明的多。这个曹洪，可是见过大场面的同志。当年曹操为董卓所败，命在须臾，曹洪见状，果断下马，把马让给曹操，执意让“领导”先逃（“太祖失马，贼追甚急，洪下，以马授太祖，太祖辞让，洪曰：‘天下可无洪，不可无君。’”《三国志》）。虽然曹洪在战场上是个舍生忘死的纯爷们，可回归生活的他，却是一个很有情趣的男人，比如，收集一些奇珍古玩。当然，曹洪的品味引起了曹丕的相投。于是，还是王太子的曹丕同志总是有事没事往曹洪叔叔家跑，寻思着能拿一两件“iPhone 4S”、“LV”之类的显摆一番。不过，曹洪似乎不太给这位王储面子，因此曹丕想成为一位“文艺青年”的愿景始终也没有实现。

当然，曹洪的艺术鉴赏水平绝不仅仅在古玩上。女人是世间最好的艺术品，这个道理曹洪是懂得。据《三国志》记载，每逢打仗的间隙，曹洪总会“大宴宾客”。宴会之前，曹洪总会亲自布置会场，拿掉刀光剑影，摆上“国色天香”。因此，行军期间能和曹洪分配到一个部队，是很多武将梦寐的事情。女优们穿着渔网黑丝，若隐若现，在蹋上纤足曼舞。暖红的烛光，暖昧的酒意，觥筹之间多少人由此想入非非（“女倡著罗縠之衣，一坐皆笑”）。看来，军营成了私人会所，曹洪的情趣绝对世间少有。

三国忠义第一人竟非武圣关羽

关羽这人，应该在中国古代史上占据着比较重要的地位。自南北朝始，老百姓就有了信奉关羽的习惯，后经过宋、明、清三代皇帝不断加封标榜，关羽的“忠义”形象可是深入人心。直至今日，关帝庙依然遍布于天下(甚至在越南、泰国等东南亚国家也有很多信徒)。

关羽能在数千年间一直被人膜拜，自己肯定是要有点内涵的：温酒斩华雄、过五关斩六将、华容道义释曹操、水淹七军、刮骨疗毒、单刀赴会等民间关于关羽的传说完全可以编成一部武侠巨著。而他充满悲壮色彩的人生轨迹，更是让多少“好事之徒”扼腕叹息。因此，无论是帝王将相、文人学子、草莽义士、说书艺人、戏子优伶、庶民百姓，甚至不问尘世的僧侣道士，都陆陆续续汇入了偶像化关羽的潮流。

不过，尽管关羽早已变成了万民礼拜的神圣偶像。但若翻开史料，我们仍会发现这个英雄其实并非完人，至少，他曾和曹操抢过女人。《世说新语》里有这样的记载：“曹公与刘备围吕布于下邳，关羽启公，布使秦宜禄行求救，乞娶其妻，公许之。临破，又屡启公。公疑有异色，先遣迎看，因自留之，羽心不自安。”因此，后来关羽投降曹操，复归刘备的行为难免给人落下口实（因为抢过曹操女人所以“心不自安”）。

尽管人生略有“污点”，但罗贯中进行了巧妙的“危机公关”。投降曹操的难堪也成了“古城约三事”，抢女人的事情干脆全盘“格式化”。当然，些许“人生污点”是无法抹杀关羽的光辉形象。不过，在三国时代，其实还有一位低调的英雄，他的忠义气节绝不逊于关羽。此人的名字，叫做臧洪。

这位臧洪,“体貌魁梧，有异于人”（《三国志》），是个货真价实的纯爷们，后来顶替他老爹臧旻的缺，举孝廉为郎，做了一个小地方官（臧旻曾官至太守）。到了灵帝末年，卖官售爵之风盛行，臧洪不堪政坛上的乌烟瘴气，遂弃官还家，索性做个两耳不闻窗外事的乡间散人。后黄巾起义，天下大乱，汉室式微，群雄并起，关东军阀小头目张超见臧洪是个人才，于是频故茅庐，把这位“开心农场”的农场主喊出山。对于臧洪这个幕僚，张超可以说是言听计从（“洪才略智数优超，超甚爱之，海内奇士也。”《三国志》）。就这样，乱世里的两位英雄，打破了上下级关系，成了“恩若兄弟”的莫逆之交（这和刘备关羽有点类似）。

其间，还有一段很有意思的小插曲。西凉军阀董卓浑水摸鱼，趁乱“挟持”了天子。臧洪虽然看不惯朝廷的一些做派，但对于汉室还是心怀明志，可董卓这个粗人一到京城，就到处作威作福欺男霸女，丝毫没把小皇帝放在眼里。于是臧洪寻了个时机，给张超提了个建议:“时天子尚幼，董卓图危社稷，不如起兵讨之。”当然，这在当时是个极其大胆的想法。张超思索再三，认为自己势单力薄，于是摆了一桌酒，把关东各路军阀喊来，把这件事情说了一下。不得不说，酒是样好东西，在酒精的“催情”下，各路诸侯一时间血脉贲张、义愤填膺，都骂董卓不是东西，于是歃血为盟，伐董大计就这样给定了下来。

不过，同盟总要有个带头大哥。酒醒之余，关东军阀们发现自己上了“贼船”，和暴虐的董卓打擂台，谁也不想当这个出头鸟。滑稽的一幕出现了，群雄你推我让，可谁也不敢坐上盟主宝座（在武侠世界里，各家门派可是要为武林盟主的位置争个你死我活的）。臧洪一看架势不对，就对众人道:“你们不要争了，这盟主我来当（‘乃设坛场，方共盟誓，诸州郡更相让，莫敢当，咸共推洪’）。”就这样，一个区区幕僚被戏剧性地推向了前台(也可以看出臧洪对汉室的忠心)。但是，这场轰轰烈烈的讨伐运动不久就没了下文。伐董运动演变成了拼酒娱乐，经过了几天的饕餮盛宴，大家在兴高采烈地带着一身酒气回到了自己的地盘（“顷之，诸军莫适先进，而食尽众散”)。经过这件事情的“打击”，臧洪看清了关东那些小军阀们的面目，于是告别了好兄弟张超，投到了口碑俱佳的大军阀袁绍帐下。

这一晃，就过了几年。时局变迁，城头变幻大王旗，朝廷挟天子的权臣也由董卓变成了当年并不起眼的曹操。臧洪在袁绍手下，也做的风生水起，先后做了青州和东郡太守，可自己老朋友张超的事业却没有长进，依然守住雍丘那屁点大的地盘。军阀混战的日子里，大鱼吃小鱼时有发生。于是，曹操和张超终于兵戎相见了。当然，战局是一边倒的，曹操包围了雍丘，日夜攻打。雍丘境内人心惶惶，可是张超却很笃定对众人道:“别慌，我兄弟臧洪一定会来救我的!”

不过，张超这话说对了一半。接到老朋友加急的鸡毛信，臧洪“徒跣号泣”（《三国志》)。当然，哭是不能解决问题的，自己那点兵马根本不顶事，于是臧洪赶紧找“领导”袁绍那里要救兵。当时袁绍正和曹操处于蜜月期（袁绍北峙公孙瓒，曹操南敌吕布)，因此回绝了臧洪。不久,“超遂族灭”。于是臧洪迁怒于袁绍，拉起自己的兵马另起炉灶，断然和袁绍绝交(“洪由是怨绍，绝不与通。”《三国志》)。袁绍这人外宽内忌，特别小心眼，怎会容忍手下在眼皮底下反水。于是悍然出兵包围了臧洪的根据地，意图以武力逼迫其就范。令袁绍始料不及的是，臧洪这次是铁了心对抗到底，一场强弱分明的围城战，竟然僵持了数年（“绍兴兵围之，历年不下。”《三国志》)。

刚才说了，袁绍这人小心眼，小心眼就难免爱面子。一座孤城几年攻之不下，这让出身豪门的袁绍情何以堪，于是下令增兵急攻。这时，出现了堪称中国古代史“义绝”的悲壮一幕。《三国志》做了这样的记载：“城中粮谷以尽，外无强救，洪自度必不免，作薄粥，众分歠之，杀其爱妾以食将士。将士咸流涕，无能仰视者。男女七八千人相枕而死，莫有离叛。”讲的就是这座守了几年的孤城，终于到了弹尽粮绝的一天，臧洪寻思大限已到，于是摆了顿最后的晚餐。军中将士早不知肉味，于是臧洪把爱妾斩杀，做成人肉羹分给众人。城中的百姓无论男女，相拥而眠，静静地等待着黑暗的到来（这有点世界末日的味道）。城中数千将士平民，誓死要与孤城共存亡，这场景似乎比关羽当年走麦城时“伪降，因遁走”（《三国志》）更悲壮一些。

不久，孤城沦陷，臧洪被擒。看着这位曾经的老部下、现在的老对手，袁绍忽然突发奇想：何不作秀一把？于是意气风发地拉着臧洪的手道：“哥们，就让往事随风吧，让我们携手创天下，如何？”臧洪当然不买袁绍的帐，一口回绝。袁绍恼羞成怒，将其斩首示众（“城陷，绍生执洪。绍本爱洪，意欲令屈服，原之；见洪辞切，知终不为已用，乃杀之。”《三国志》）。值得一提的是，城陷之前，臧洪曾派两名手下到吕布处求援。而这两只“漏网之鱼”，听说臧洪已经遇难，竟然不忘于江湖，慷慨赴死（“比还，城已陷，皆赴敌死。”《三国志》）。

由此看来，为一知己“舍生取义”，众生为其亦如此，臧洪赢得“义绝”之名绝非偏颇。不过，臧洪“杀妾做食”，虽取了义名，却失了仁，伤害了后世广大劳动妇女的情感，亦为文人骚客所不齿，因此累世数代之后，臧洪的事迹渐不如关羽，慢慢被人忘却。

刘备一生**最恨**的男人并非曹操

说三国，就不得不提两个人：一个是刘备，另一个当然是曹操。不过很遗憾，这两个英雄从天下大乱的那天起就一直是死对头。我们可以先来看看《三国志》里刘备和庞统的一番对话："今指与吾为水火者，曹操也。"这句话直截了当地指明了刘备和曹操水火不容的关系。有了这个"汉贼不两立，王室不偏安"的政治方针，也就不难理解后来的诸葛亮要劳民伤财数次北伐了

那么，为何刘备如此"执著"地同曹操势不两立呢？原因至少是有两个的：一个当然是曹操"挟天子以令诸侯"。一个阉党遗丑居然胆敢"挟持"天子？作为刘氏宗亲的刘备当然是不答应的。另一个原因就是个人恩怨。我们"一身正气"的刘皇叔数次在曹操面前丢盔卸甲，在面子上过不去，当然要翻脸了。

不过，在大多时候，刘备还是不太敢明目张胆地翻脸的。比如在"青梅煮酒论英雄"那出戏里，虽然刘备心怀不满，却还要低声下气装孙子大拍曹操马屁。后来，刘备终于还是横下一条心来翻脸搞决裂，不久就被曹操在长坂坡杀个抛妻弃子差点连老命也给玩完。

不过，刘备也不是一直被动挨打的。至少，他有三次机会可以要了曹操这个老对手的脑袋。只是，刘备都手下留情了。下面就让我们来看看刘备为数不多的几次给曹操颜色的良机。

一次是“血衣带诏”事件时。当时被架空的汉献帝天真地拿着张空头支票，要国舅董承、议郎吴硕等几个心腹去套牢曹操。于是，国舅爷找来了刘备这个“山寨“皇叔。靠董承、吴硕等几个不食人间烟火的文人就想把曹操拉下马，简直是个玩笑。刘备是个英雄，当然不是草包。他先在口头上答应这次刺杀行动，后来找个机会拍马开溜了。

另一次是在华容道边。当时曹操刚刚赤壁兵败，引败军从华容道撤退，遇到泥泞不堪的路，军马不能过，曹操命老弱残兵背薪负草去填，兵马得过，老弱残兵被军马所践踏，陷于泥泞之中，死者很多。出来以后，曹操大笑，众问其故，曹操曰：“刘备，吾俦也。但得计少晚；向使早放火，吾徒无类矣（《三国志》）。”翻译一下，就是刘备真是我的对手啊，但是反应稍微慢了一点，要是早堵在这里放一把火，我们都死无葬身之地。有趣的是，曹操残军刚经过华容道不久，刘备还真过来放火了。看来，曹操的计略还是高刘备一筹（这里面应该没有关羽什么事）。

如果说，上面两次机会只能算不是机会的机会，那么刘备还确实真有一次手刃曹操的机会。那就是著名的“许田围猎”。《三国演义》是这样描述的：某日，风和日丽，曹操邀献帝出去打猎。一路上，曹操骄横跋扈，丝毫没把这个皇帝放在眼里。一旁的关羽见状，就想从背后给曹操一刀（关羽绝对有当杀手的气质，这从后来他在万军之中秒杀上将颜良就可以看出），但被刘备给阻拦了。刘备的理由是投鼠忌器：“操与帝相离只一马头，其心腹之人，周回拥侍；吾弟若逞一时之怒，轻有举动，倘事不成，有伤天子，罪反坐我等矣。”

关于这次未遂的暗杀行动，《三国演义》没有完全胡说，只不过，情景略有不同。相对严谨一点的《蜀记》是这样记载的：“初，刘备在许，与曹公共猎。猎中，众散，羽劝备杀公，备不从。”可以看出，此次打猎曹操落单，关羽见有机可乘，遂请示刘备。刘备不杀曹操，跟担心误杀献帝没有丝毫关系（当时小皇帝根本没在旁边），而是怕“误伤”了自己。因为即使杀了曹操，上位的也是那些尸位素餐的饭桶国戚们，当时毫无兵权的刘备一点便宜也捞不到；相反，如果行刺失败，自己将万劫不复。刘备在权衡利害关系后，感觉放曹操一马对自己更有利，因此错过了一生中诛杀曹操最好的机会。

可以看出，刘备虽然痛恨曹操，但为了自己的利益往往手下留情。不过，三国时代还真有一个人，竟然逼得刘备痛下杀手。不过，这个人可没有曹操的文治武功，他只是一名书生。此人的名字叫做张裕。而且，一向“以德服人”的刘备诛杀这位书生的缘由也颇为“无厘头”。

我们还是先来看一下《三国志·蜀书·周群传》里的记载：刘备与刘璋在涪城会晤，刘璋有个从事张裕，长了一脸的胡子，刘备嘲笑他说：“我曾经在涿县居住的时候，知道那里姓毛的人特别多，涿县县令称为：‘诸毛绕涿居乎’。”（表面意思是：诸多姓毛的绕着涿县居住。其实是利用“涿、着”谐音嘲笑张裕的胡子：很多毛绕着长。）

张裕是个书生，难免书生意气，反唇相讥道：“曾经有个人当上了上党郡潞县县长，后来又做了涿县县令，后来辞官还乡的时候，有人写信给他要称潞长吧漏了涿令，要称涿令吧漏了潞长，于是称他为：‘潞涿君’（露着君，嘲笑刘备无须）。”

这里有必要注个说明，汉朝男性以胡须为美。例如崔琰“须长四尺，朝士瞻望”，是当时公认的美男子；关羽也因为长着一把飘逸的胡子常常沾沾自喜；曹操也曾因坐骑践踏禾草，“割须代首”以令军纪。刘备只是嘲笑张裕胡须的“造型”不够帅，可这个张裕却没有口德，直接反驳比不长胡须的男人强吧。

这般公然的人格侮辱，当然伤了刘备的自尊心（“先主无须，故裕以此及之，先主常衔其不逊。"《三国志》)。刘备取代刘璋成为益州之主后，不久就寻个借口拿怀恨已久的张裕开刀。爱才的诸葛亮觉得张裕罪不至死，上表请刘备放他一马。先主答曰:"芳兰生门，不得不锄。"意思就是芳兰长错了地方，也要锄掉，人才用错了地方，就是找死。最后,"裕遂弃市"。

因为一句玩笑话，刘备愤恨诛杀一名手无寸铁的书生，难怪后人批判刘备此举"完全是挟嫌杀人，毫无法制可言"。由此看来，天天嚷着"勿以恶小而为之"的刘玄德还颇有点金庸先生笔下那位贴着假胡子的伪君子岳不群的影子吧。

康熙生擒鳌拜之计竟是“山寨”孙权幼子

近日来，随着人气剧集《步步惊心》的热播，清宫戏成为坊巷热议的话题。四阿哥胤禛在“九子夺嫡”的残酷上位之路可谓一波三折，颇让人纠结玩味一番。其实，在权力路上，不仅胤禛，就连他的老爹康熙大帝的掌权之路也并非一帆风顺。

当然，对于这段耳熟能详的历史我们无需赘述：康熙帝幼年即位，按照顺治帝的遗诏，由四个满族辅政大臣帮助他处理国家大事。其中一位叫鳌拜的辅政大臣，仗着自己掌握兵权，欺负康熙帝年幼，独断专横。于是，康熙帝决心除掉鳌拜。他派人物色了一批十几岁的贵族子弟担任侍卫，天天练摔跤。一群小屁孩在宫里“霍霍哈嘿”耍双节棍，自恃勇武的鳌拜当然毫不在意。后来，康熙利用鳌拜一次只身进宫汇报工作的机会，命这群小屁孩们一呼而上左搂右抱，活生生把这位不可一世的权臣给“禁室培欲”了。

不过，康熙这招“以小搏大”并非自己原创。至少，他“山寨”了孙亮的创意。

对于孙亮，我们也许并不太熟悉，但如若提起他老爹东吴大帝孙权，恐怕是无人不晓。孙权年轻的时候颇有韬略，和刘皇叔联袂导演的那场赤壁保卫战可谓家喻户晓。可就是这样一位雄主，到了老年却相当的昏聩。除了早逝的长子孙登、次子孙虑，剩下的几个儿子为了储君的位子把整个国家搞得乌烟瘴气:“三阿哥”孙和费劲苦心刚被确立为太子，就被意图争夺太子之位的皇四子孙霸和孙权的长女“全格格”陷害，被废去太子之位，而这位四阿哥也没有风光太久，不久也被孙权逼迫自尽。自己的儿子死的死杀的杀，晚年的东吴大帝只能立幼子孙亮为太子。

当然，经过这出东吴版“九子夺嫡”的折腾，到了孙亮即位，东吴的政治环境已经极其腐败。更要命的是，这位八岁登基的小皇帝并没有多少群众基础。同顺治苦心给康熙铺路一样，孙权也给孙亮安排了诸葛恪、孙峻、孙綝等几位顾命大臣。不过，首席辅政大臣诸葛恪并没有像他的二叔诸葛亮那样忠心耿耿、鞠躬尽瘁。这个志大才疏的人物，独断专权，丝毫没把孙亮这个小皇帝放在眼里。

在孙亮继位后不久，手握兵权的诸葛恪不顾群臣反对，悍然发兵北伐，进攻魏国，最后吴军战败，伤亡惨重，朝野对诸葛恪更是怨声载道。见时机成熟，早对诸葛恪不满的孙亮用了“二虎竞食”之计，授权孙峻发动政变，杀死诸葛恪，随后孙峻出任丞相大将军。

通过此次宫廷政变可以看出，孙亮是个很有想法的人物。不过，颇为戏剧化的是，这个小皇帝的政治地位没有因此巩固，反而变得更加风雨飘摇。先前诸葛恪只有独断之举，然而孙峻、孙綝两兄弟却有僭越之心。丞相大将军孙峻，骄傲险恶，滥施刑杀，而且还喜欢“潜规则”宫女，所以口碑一直不好。当然，纵欲伤身，没过几年孙峻就一命呜呼了。

没了这块挡脚石，时年十四岁的孙亮终于可以亲政了。不过，蛰伏六年并没有给孙亮带来好运，朝中权力仍被孙峻的弟弟孙綝一手掌握。这个孙綝，同他的老哥一样凶竖盈溢、负贵倨傲。因此，孙亮对孙綝的独断专行甚为不满。可是，兵权在别人手上，孙亮还是不敢造次。不过，与其坐以待毙，当一辈子傀儡，不如放手一搏，于是这位小皇帝灵机一动，想了一个法子。

我们先来照搬《三国志》这段描述:“始亲政事。綝所表奏，多见难问，又科兵子弟年十八已下十五已上，得三千余人，选大将子弟年少有勇力者为之将帅。亮曰:‘吾立此军，欲与之俱长。’日于苑中习焉。”可以看出，孙亮是个非常有想法的君主，他的手法和后来康熙的成名作如出一辙，就是在后花园里着力培养自己的势力，招募童子军，日夜操练，以图后用。不过，孙亮的运气没有康熙好。他的对手孙綝，虽然凶残，但不脑残，发现孙亮“欲行不轨”后，决定先下手为强，率军包围皇宫，废孙亮为会稽王，后更将其软禁于当时偏远荒凉的福州。

令人耐人寻味的是，孙亮为了“共青团”事业最终身陷囹圄，而千年之后他的“山寨版”康熙却能扬名立万。看来，一个人成就的多少，除了天赋，也许还需有一点天命吧。

三国比曹操更富有争议的人

历史的面纱是神秘的，后人往往只能管中窥豹，见得一斑。在有限的遐想空间里，人们对于历史人物的定位只能有如特型演员，一个萝卜一个坑，例如在群星荟萃的三国时期，数得出名字的人物虽说不下百人，但民间老百姓对他们人物评价大多相对单一。比如诸葛孔明的神机妙算、关云长的义薄云天、周公瑾的英姿勃发、董卓的大奸大恶、吕布的忘恩负义。

不过，随着社会的进步和觉悟的提高，人们对历史人物的评价也渐渐趋于多元化，于是出现了不同以往的呼声，比如曹操被谓之“可爱的奸雄”、刘备被谓之“虚伪的仁者”、魏延被谓之“蒙冤的叛徒”。而本文接下来要谈的这个人物，尽管名气比不过上述诸位，但他在历史里的争议性绝对不亚于曹操人等，此人的名字叫做华歆。

我们先来看一下华歆的个人履历：华歆，年轻时曾被举为孝廉，东汉桓帝时累官尚书令，后依归曹操，官至太尉，历仕曹操、曹丕、曹叡三代。可以看出，华歆是一个在三国时期政治舞台上比较活跃的人物，他在曹魏的政治地位丝毫不亚于诸葛亮之于蜀汉。可就是这么一个举足轻重的人物，历代对其操守德行却有着截然不同的看法，甚至有些胆汁型的文人更直接把他划定为助纣为虐、为虎作伥的奸臣。

为何文人们会有如此大的反应呢？我们可以从民间戏剧《血带诏》里找到点端倪。剧中曹操挟天子以令诸侯，汉献帝刘协幽居深宫，皇位不保，乃与伏后商议，草就血诏，嘱其父密图汉贼，曹操获悉此事后派华歆“勒兵入宫”。华歆进宫收捕伏后，不仅将她毒死，还把她所生的两个小皇子杀死，其手段堪称歹毒。

同样，在京剧《受禅台》中，汉献帝刘协，挂白须、着素衣、手捧玉玺，满怀丧国之痛，唱腔凄惨；太尉华歆，金冠玉带，翎羽高挑，按剑逼帝，俨然一副奸佞小人形象，威逼献帝禅让。

可以看出，在写书的文人眼里，在曹魏主导的一系列篡汉“和平演变”中，华歆充当的角色就算不是始作俑者，也至少是一个幕后推手。

也许，正是因为在诉求政治立场上的拙劣表现，以八卦历史名人私生活闻名的《世说新语》也不忘揶揄华歆一把:“管宁、华歆共园中锄菜，见地有片金，管挥锄与瓦石不异，华捉而掷去之。又尝同席读书，有乘轩冕过门者，宁读如故，歆废书出看，宁割席分坐，曰:‘子非吾友也。’”其实，不仅是一向清高的管宁，就是市侩百姓，也大多瞧不起华歆贪慕荣华没有操守。

但历史上的华歆真是如此德行卑污吗？这也正是人们争议的焦点。《三国志·华歆传》记载：华歆做高唐吏时，议论持平，语不毁人；他出任豫章太守时，为政清静不烦，吏民感爱之。后来跟着曹操一家子混，华歆更是平步青云位极人臣，但他始终廉洁自奉。当初他受曹操征召将行,“宾客旧人送之者千余人，赠遗数百金”。华歆推辞不过，就暗暗在礼品上做上记号，事后一一送还。魏文帝时（曹丕)，华歆官拜相国，但“歆素清贫，禄赐以振施亲戚故人，家无担石之储”。华歆的这些品行，极易让人联想到那个“内无余帛，外无盈财”的诸葛丞相。

此外，华歆在治国上也很有一套，他的政治主张是重农非战，强调文教德化。诸葛亮主政蜀汉其间，屡屡出兵骚扰曹魏边境，魏明帝不堪其扰，决定派兵反攻蜀汉。华歆当即上书反对，他认为“为国者以民为基，民以衣食为本”，应当先留心于本国的治理，“以征伐为后事”；本国治理好，敌人就会不攻自破；“兵不得已而用之”，作为皇帝不能舍本逐末。这就是在后世同诸葛亮《出师表》齐名的《止战疏》。由此看来，如若生于当世，热爱和平的华歆恐怕要比奥巴马更有资格成为诺贝尔和平奖获得者。

当然，后来时局的发展也验证了华歆在政治上的高屋建瓴。后来蜀汉、东吴等割据势力，均被源于曹魏政权、家底殷实的司马氏消灭。因此，如说曹操是双重性格的代表人物，那么亦正亦邪的华歆绝对有过之而无不及。

三国比诸葛亮还妖的预言家

众所周知，三国时代的第一“妖人”是孔明。未出草庐知天下三分，于赤壁力挽狂澜借东风，“宅男”卧龙先生不出房门半步，却运筹帷幄于千里之外，其上天入地的本领让人叹为观止，这也难怪鲁迅感叹其“智多近于妖”。不过，在能人辈出的三国时代，还有一位名不见经传的预言家，比诸葛先生更“妖”，他居然能预知生死，此人的名字叫管辂。

这个管辂，容貌粗丑，但却精通易卜，甚至达到了出神入化的地步。不过，此人并不“宅”，至少算是个“驴友”。一天，管辂出行郊游，看见一个年轻人在田中耕种。管辂走上前去说：“我看你眉间有死气，三日内必死。你长得虽然很漂亮，但可惜的是寿命不长。”莫名其妙地被一个相貌丑陋的路人诅咒，换作是谁都会急。急，就难免会干些蠢事，比如把管辂按在地上暴打一顿。不过这位“正太”少男，却是急着回家，将此事告诉了他的父亲。这位父亲听说之后，立即拉着儿子追上管辂，不容分说，哭拜于地。管辂说：“这是天命，有什么办法能够改变呢？”老父求道：“老夫只有这么一个儿子，希望您救救他。”

对一个素昧平生的路人如此“客气”，管辂开始觉得“笑纳”不起这对父子的好意，于是对年轻人说道："你可准备净酒一瓶，鹿脯一块，明天带往南山之中，大树之下，看磐石上有二人下棋，你要趁他们棋兴正浓之时，跪进酒和鹿脯。等他们吃完以后，你再哭拜求他们增加你的寿命，则一定能如愿。但你千万不要说是我教你的。"

第二天，这位年轻人带着酒脯杯盘进入南山，果然见二人于大松树下之盘石上下棋。对弈之间，不觉将敬奉美酒饮尽。见时机成熟，年轻人哭拜于地求寿。下棋的二人原是主管生命的南斗北斗之神，既然吃了人家的东西，就得替人办点事情，即使是神仙，也是要遵守这个"中国特色"的"潜规则"。于是北斗于身边取出簿籍查看，说："你今年十九岁，当死。我们现在为你增寿，在十九前加九，你的寿命可至九十九岁。但你回去之后，告诉管辂，叫他再不要泄漏天机，不然必遭天谴。"南斗拿笔添好之后，一阵香风过处，二人化作两只白鹤，冲天而去。

居然教使凡人向神仙"行贿"续命，我们的预言家管辂果然很有想法。当然，这个故事在无神论的今天，是很难站得住脚的。因此，我们引用比较严肃的《三国志》，来看看管辂最著名的一次预言，就是预知大名士何晏不久即死。

当时何晏是曹魏的礼部尚书，属于大将军曹爽一派的精英人物，与司马懿为代表的河内士族政治集团明争暗斗。某日，何晏宴请管辂，当时另一曹爽派精英人物邓飏也在坐。

何晏说："最近接连梦见青蝇数十只，飞到鼻子上，驱之不肯去，有何意故?"

管辂说："现在君侯位高权重，而怀德者少，害怕你的人多，这并不是多福啊！鼻子是天中之山，越高就越能长守富贵。今青蝇是逐臭的东西，而云集鼻子之上，盛衰祸福，不可不慎。谦惠慈和，非礼不覆，上追文王，下思孔子，然后三公可决，青蝇可驱也!"

邓飏听了这话，大不以为然地说："这是老生常谈，不靠谱的!"

管辂回答说:“夫老生者见不生，常谈者见不谈。”这句话的意思就是说我这个老生，将要看到你们“不生”了，这是隐语，预言了他们将死。

何晏听了心里不大高兴，但好歹他也是个大名士，风度还是要装一装的，因此不予追究。

管辂回到家，把这事说给舅舅听，他舅舅吓得不得了。诽谤蛊惑“领导”，这是要给小鞋穿的。不过管辂不以为然道:“与死人语，何所畏邪！邓飏行步，筋不束骨，脉不制肉，起立倾倚，若无手足，这是鬼躁之相，将为风所收；何晏神情，魂不守舍，血不华色，精爽烟浮，容若槁木，这是鬼幽之相，将为火所烧。”他老舅听了大怒，骂他胡说八道。

过年之后，司马懿发动政变，史称高平陵之变，诛杀曹爽、何晏、邓飏等人，夷灭三族。这个时候他舅舅才算服了。

不过，管辂后来恐泄天机太多，不再轻易为人算卜。但是金盆洗手之前，管辂还是悄悄给自己算了一卦。

有次，管辂在弟弟管辰家中喝茶谈人生，聊到情真意切处，管辂长叹道:“上天给我才智聪明，也给了我荣华富贵，却不给我寿命，恐怕我的大限在四十七八岁之间，看不见女儿出嫁，儿子娶媳妇了。我前后相过该要死的人超过了一百个，大体上没有错误。”第二年的二月，管辂果然去世，年仅四十八岁。

看来，死神来临的时候，什么预言家都是浮云。

第7章

三国不只是一出男人戏

三十男人一朵花，三十女人豆腐渣；三国男人一枝花，三国女人豆腐花。三国女人，究竟是干瘪豆腐渣，还是丝滑豆腐花？不管你是艳福匪浅，还是霸气外漏；不管是气质淑女，还是坐台小姐，恐怕还得看男人脸色。

三国女人争风吃醋引发的命案

曹雪芹有句名言:“女人是水做的。”其实曹老先生只说对了大半，我们大可以再添上一字,“女人是醋水做的”。女人吃醋，本也是件好事，至少可以看作对情感的较真。换做如今，无非小两口摔摔盘子耍几个小性子。不过，如若在相对闭塞的封建社会，后果也许会很严重的，在我们三国时代，就有这么几位小女人因为争风吃醋，最后闹出了人命。

先来看《九州春秋》记载的这样一段话:“司隶冯方女，国色也，避乱扬州，（袁）术登城见而悦之，遂纳焉，甚爱幸。”讲的就是有位姓冯的女子，国色天香，后逃难至扬州，被袁术瞧见，纳为小妾。一个女人漂亮，当然是件好事，但一个女人比绝大多数女人漂亮，这恐怕就不是好事了。而我们的冯氏，恰恰犯了这个“先天性”的错误。这位貌压群芳，颇受袁术“照顾”的女子，引起了“后宫”娘娘们的一致不满（袁术后在汝南称帝），于是一并来到冯氏跟前吹风道:“妹子，美貌只是一时的。你若要想拴住主公的心，必先了解他的心。我们的主公啦，就是喜欢有志节的女人，妹子你若能时常摆出忧国忧民的样子，掉几滴眼泪，那么主公一定会爱死你的（‘将军贵人有志节，当时时涕泣忧愁，必长见敬重’）。”

上天是公平的。这位冯氏有着一副貌若天仙的样子，却生了一个稀松平常的脑子。那帮女人们怎会如此好心把男人双手奉上呢，可冯氏却信了，真的信了。于是，“（冯氏）后见术辄垂涕，术以有心志，益哀之”。袁家“后宫”的那些女人们见冯氏上套了，于是开始实施第二步计划：“共绞杀，悬之厕梁。”

这出活生生的血腥情杀事件，最后竟然不了了之。原因很简单，这堆“醋女”们此前挖了一个很大的坑：“冯氏有志节，时涕泣忧愁。”本来脑子就不灵光的袁术，以为冯氏是为了老百姓没能住上“高价房”、没能吃上“放心肉”，郁郁而终，于是煞有介事地风光大葬了一把（“诚以为不得志而死，乃厚加殡敛”）。

在醋坛子的战争里，不仅有一群女人PK一个女人的“情感群殴”，还有一个女人PK一群女人的“感情独挑”。袁术他哥袁绍的老婆就是这样一位挑大梁的狠角色（好像家庭纠纷总是出在袁家）。

《三国志》里记载这样一个故事：“（袁）绍妻刘氏性酷妒，绍死，僵尸未殡，宠妾五人，刘尽杀之。”看得出来，刘氏是位“资深醋女”，自己老公尸骨未寒，就已经迫不及待地秋后算账，把袁绍生前最得宠的五位佳丽整的香销玉殒。不过，这事还没完。这位“醋女”担心这群祸水们在地下和自家老袁再续前缘，索性一不做二不休，干脆请人在俊俏的尸首上“泼墨”做了手脚，让她们在地下也无脸见人（“以为死者有知，当复见绍于地下，乃髡头墨面以毁其形”）。事情做得如此之绝，刘氏依然还不解恨，不久又派人尽杀死者之家。

三国时代因为争风吃醋，伤及无辜的女人绝不仅仅是刘氏，郭汜之妻也是其中一位。事情的来龙去脉是这样的：董卓死后，其党羽李傕、郭汜专权辅政，其时李傕自为“大司马”，郭汜自为“大将军”，目无皇帝，横行无忌，百官敢怒不敢言。俗话说，一山不容二虎，李傕、郭汜拥兵自重，难免会有摩擦，恰巧郭汜的老婆又是一位远近闻名的“醋女”。于是，太尉杨彪（杨修的老爹）想了一个主意，安排夫人经常到郭府“打麻将”（只输不赢那种），一来二往，两人便成了无话不说的好姐妹。见时机成熟，杨夫人悄悄地对郭夫人说：“闻郭将军与李司马（李傕）夫人有染，其情甚密。夫人宜绝其往来为妙。”

说者有心，听者有意，郭夫人妒恨的种子算是在心里埋下了。如若两家不相往来，看这对“狗男女”如何苟且？郭夫人打定主意，乘李傕送来酒筵之机，暗置毒于食物中，当着郭汜面给家狗“旺财”试吃，当即，“旺财”光荣牺牲。经过老婆大人的一个折腾，郭汜对李傕这位曾经一起“扛过枪”的战友已是满腹狐疑。此后不久，李傕恰又力邀郭汜赴家饮宴，至夜席散，郭汜大醉而归，偶感腹痛（应该是消化不良）。郭夫人惊道：“准是李傕在酒菜里下了毒啦！”被夫人如此一嚷，郭汜自觉背后一凉，酒醒了大半。郭夫人急忙到自家后院的“五谷轮回之所”里淘些粪汁，就往郭汜口里直灌。如此反复，折腾了大半个晚上，郭汜的“毒”，终于全部吐出。

如此狼狈的经历，让郭汜恼羞成怒，索性推倒了“多米诺”骨牌，事后立即向李傕宣战。李傕心想，老子掏心掏肺请你吃顿饭，郭汜你倒好，借题发挥，关起门和老婆唱双簧，恐怕，是早有了吞并的异心吧。因此，一场军阀大混战随即拉开了序幕，百姓流离失所，死伤不知其数。只不过，万千性命只因为一介女流打翻了“醋坛子”，最后魂飞魄散，实在有些不值。

三国的美女自残事件

俗话说，人活一张脸。不过，人在情非得已的时候，是可以不要“脸”的。比如诸葛亮有个叫徐庶的死党，青春期的时候就特喜欢行侠仗义。他的一位朋友因与当地一家豪门恶霸结怨而被害的家破人亡，万般无奈之际，只好请少侠徐庶为其报仇雪恨。徐庶接受了朋友的请求，但为了防止被人认出，他自己做了一个小小的整容手术，用白色垩泥涂抹面孔，只身闯入恶霸家中，一剑刺死了为害一方的恶徒。徐庶正要离去，不幸被闻讯赶来的大批官差包围。因寡不敌众，失手被擒，还差点送掉了性命。

当然，在三国有过整容史的还远不止徐庶，关羽也算一个。清代学者梁章巨《归田琐记》收录了这样一个故事，讲的就是关羽年轻的时候常替乡亲打抱不平，后听说县令强占民女，一时气不过，拔剑冲入县署，把县令和其舅爷全给杀了，然后亡命涿郡。途中在河边洗脸的时候，发现脸变成了枣红色，文学作品里关公的重枣脸估计就是这么来的。和徐庶不同的是，关羽这是被“整容”，只是三国时期水体污染竟然这么严重，真是让人始料未及。

不过，既然是整容，就是有风险的，即便是简单的削骨或是隆胸，稍微有个闪失都有可能导致毁容。“爱美之心，人皆有之”，哪怕是堂堂七尺热血男儿，倘若容貌受损，那也绝对是件抑愤的事情。三国有个叫孙策的英雄，就是死于毁容。

我们先来了解一下孙策这个人,《三国志》有记载,“策为人，美姿颜，好笑语，性阔达听受，是以士民见者，莫不尽心，乐为致死。”可以看出，孙策风流倜傥，开朗大度，说话又有幽默感，因此赢得了士人、百姓的拥戴，士民都愿意为他拼命效忠。

可这个孙策却又心比天高，不甘心只是做一个大众偶像，于是有了问鼎中原的想法。不过，孙策的小心思被自己的部下吴郡太守许贡看穿了。于是许贡偷偷写信给汉献帝，说孙策势力太大，不能留下，还建议汉献帝将孙策召回京城去，然后想办法弄死。只可惜，这封信没有送到汉献帝的手里，而是被孙策的密探截获，孙策于是下令将许贡处死。

处死一个手下对于孙策来说是件易如反掌的事情。可是，有的时候越简单的事情越容易出问题。把事态扩大化的当然不是许贡，因为他此刻已经成为了孙策的刀下鬼。但孙策忽略了许贡家里还有三千门客，尤其是其中有三位忠义的门客不忘故主，千方百计想要报复仇人。

有一天，他们趁着孙策外出打猎的机会，在森林里对他动起了刀子。孙策是个有武术底子的人，因此刀伤不是非常严重，至少不足以致命。医生对孙策说，您的伤能治，不过要好好养着，一百天内不能有剧烈活动。可不巧的是，许贡的门客给孙策动刀子的部位偏偏在脸上。也许，这些门客的初衷只是想把孙策整成许贡的模样，以解相思之痛。可惜的是，这次整容失败了，孙策毁容了。

看着镜子里这张苦心“经营”了二十余载的俊秀脸蛋须臾毁于一旦，孙策在情感上是在接受不了，于是对身边的人咆哮道:“我的脸都成了这个样子，都没脸见人了，还能建功立业吗?”然后“创皆崩裂，须臾而死”。

应该说，孙策死的挺冤的。至少，他应该先结交一下夏侯惇。这个夏侯惇，在战场上被流矢击中左目。夏侯惇大叫一声，急用手拔箭，不想连眼珠拔出，于是大呼曰："父精母血，不可弃也！"居然把眼珠子塞到嘴里一口吞下，然后挺枪纵马再战。留得青山在，不愁没柴烧嘛，看来同样惨遭毁容的夏侯惇该给孙策很好地上了一课。

不过，即便如此，这件事情还是给夏侯惇此后的生活留下了心理阴影。后来夏侯惇每每照镜看到自己盲了左眼，都会十分愤恨，将镜子推往地上，更不喜欢喊自己"盲夏侯"。看来，即使心理素质再高的人，看到同自己朝夕相处的脸遭到损坏，心里多少是会有怨恨之气的。

可是，也同样是在三国时代，却有这样一个人物，疯狂地迷上了毁容。而且这人还是个女人，她的名字叫夏侯令女。关于她的事迹，《三国志》和《资治通鉴》都有记载，事情经过大致是这样的：

夏侯令女是曹爽堂弟曹文叔的妻子，文叔早死，而膝下并无儿女。父亲夏侯文宁打算命她再嫁，令女宁死不从，先是剪断了头发，后来干脆用刀把自己的双耳割下，表明据嫁的决心。后曹爽被诛，曹门尽毁，夏侯令女的家人便上书朝廷同曹氏断绝姻亲关系，强迎她回到娘家，准备再把她改嫁。于是这个夏侯令女偷偷跑进寝室，用刀把自己的鼻子硬生生地切下，一时间血流满席。

这个血腥的美女自残事件当然是少儿不宜的。其实，三国还算是个开放的时代，并没有后世那样严酷的礼教压制，就连曹操、刘备、孙权这样的帝胄之家也常让一些二婚女子进入家族的户口簿（曹丕的妻子，也就是魏明帝曹睿的母亲甄氏是再嫁，刘备娶的皇后吴氏是寡妇，孙权有个老婆也是寡妇）。

因此，夏侯令女的家人对她的行为十分不解，问道："人生在世，好比轻尘栖于弱草，你何苦如此自残！且夫家早已夷灭殆尽，守节又为得了谁？"

夏侯令女答道："我听说，仁者不因对方的盛衰而改节，义者不因对方的存亡而变心，曹氏以前盛时，我尚且要尽终，而今天衰亡了，我更不忍抛弃！这样的禽兽行为，我怎能去做?”

后来，就连一向心狠手辣的司马懿听说了这件事情，也顿起敬意，叫她去领养儿子，作曹家的后人。

不抛弃，不放弃，活下来，就是有意义。看来，面对毁容和人生挫折，夏侯令女要比大英雄孙策有勇气的多。

三国最有艳福的女人

众所周知，三国出英雄，英雄本“色”，这也是个不争的事实。三国时代，纠结在石榴裙下的英雄不在少数，甚至如一代奸雄曹操也为了女人滚马下鞍。但就在这个清一色的男人争霸的世界里，也总有“好事”的女子出来搅局，“艳福”怎能由男人独享，弱女子也可以用博大的胸襟干出事业线，当然，最出名的应该非貂蝉莫属。

这位貂蝉，本是东汉末年司徒王允家的歌女。此女子扶风闭月，有着倾城倾国之貌，深得王允宠爱。无奈，行将分崩离析的东汉王朝被佞臣董卓操纵，王允决心铲除国贼，忍痛割爱，设下连环计，先把貂蝉暗地里许给吕布，再明把貂蝉献给董卓，从此，这位歌女的命运同董卓、吕布发生了“关系”。

《三国志》有书：“（董）卓有才武，左右驰射”、“（吕）布便弓马，膂力过人，号为飞将”。可见，董卓、吕布的个人素质修养均属上乘。能和两位当世之杰享尽床第之欢，可谓艳福不浅。当然，我们的貂蝉在享受的同时，也不忘使命。在董卓的床上说尽吕布坏话，等爬上了吕布的床，耳边风里又满是董卓的不是。一来二往，董卓、吕布两人就有了矛盾。后来的事情大家都知道了，吕布借董卓上朝之际设下埋伏，手刃了这位国家“一把手”。

也许，貂蝉的经历过于香艳，民间的说书人总不甘寂寞，偏要制造出绯闻，来满足街坊们的窥欲。元杂剧《锦云堂》里说，吕布在白门楼被斩首，曹操为离间桃园三兄弟，而把貂蝉明许关羽，暗应刘备。只可惜，这个山寨王允创意的连环计并不高明，立过“投名状”的刘备、关羽怎会被美色瓦解。为绝曹念，关羽果断杀了貂蝉。昆剧《斩貂》里，索性把刘备置换成了不谙风情的张飞。曹操设计经张飞之手将貂蝉转送给了关羽，但关羽拒绝受纳这位污点美女，怕其水性杨花，朝三暮四，难免为他人所玷污，只有一死才能保全其名节，于是乘夜传唤貂蝉入帐，拔剑痛斩美人于灯下。当然，还有一本叫《汉书通志》的佚书，干脆这样记载道:“曹操未得志，先诱董卓，进刁（貂）蝉以惑其君。”经由此书我们恍然大悟，原来貂蝉是曹操的女人，但为了国仇家恨，曹操效仿范蠡（“范蠡献西施以怠夫差”），毅然把心爱的女人献给了国贼董卓。

不过，尽管演义、野史里貂蝉的性生活可谓活色天香（和董卓、吕布、刘备、张飞、关羽、曹操均闹过绯闻），但在比较严肃的《三国志》里，只有这样寥寥几字:“卓常使布守中合，布与卓侍婢私通，恐事发觉，心不自安。”这里的董卓小老婆，应该就是貂蝉吧。由于笔墨较少，貂蝉的艳史在历史中恐怕站不住脚。但在三国时代，还真有一位女子，她的风流韵事在史书里可是有白纸黑字记载的。她的名字，叫孙鲁班。

当然，这个鲁班的心思不在玩玩竹蜻蜓（战国时期有位能工巧匠也被后人称之鲁班），而是热衷于玩男人。在封建时代，女人玩男人是件不可思议的事情，会被认为不守妇道，是要被收监的。还好，鲁班有个靠山老爹，叫孙权。就在这位宝贝女儿的待嫁之年，一向以貌取人的孙权索性来个比“脸”招亲，经过一番“考察”，已故大都督周瑜的长子周循在众人中脱颖而出，赢得了绣球。能够当上东吴“老大”的乘龙快婿，周循的仕途应当会平步青云。可未曾想，周家的这位刚过门的媳妇很有性致，每天晚上都要提“要求”。日子长了，周循的身体终于出了状况（这点和他老爹周瑜很像)，不久就一命呜呼了。

年纪轻轻便守寡，孙鲁班怎能耐得起寂寞，于是多次到孙权那里诉委屈。孙权经不过鲁班死缠烂打，加之心疼女儿，于是就又给她找了一个男人，即卫将军兼左护军兼徐州牧全琮（因为嫁给了全琮，孙鲁班在史书上就又有了一个名字：全公主)。这个全琮，是个二婚，在性生活上还是总结了一定的方法的。因此面对孙鲁班的百般要求，全琮都能很好地完成“任务”。不过，再有经验的男人，也有“弹尽粮绝”的一天。终于，在孙鲁班四十岁那年,“久经沙场”的全琮终于体力不支，倒在了为之“奋斗一生”的床上。中年丧夫，孙鲁班除了悲痛之外，心中更莫名有了一些激动。没了婚姻的枷锁，道德上不受约束的孙鲁班开始明目张胆地为自己寻觅“志同道合”的情郎。这时候，堂侄侍中孙峻走进了她的视线。

这个孙峻，长得十分英俊潇洒。作为皇族近亲，孙权十分信任他，因此他获得了在东吴的后宫自由出入的“绿卡”。如此俊俏的男儿在自己的面前晃来晃去，孙鲁班自然垂涎三尺，也不管什么伦理辈分，找了个借口把孙峻叫到了床前。虽然孙鲁班已是徐娘半老，但宫中多有保养之法，所以风韵依然不减。因此，孙鲁班一个眼色，孙峻立即心领神会，很识时务地掩上了姑妈家的窗门。当然，孙峻的志向绝非只是当这个半老女人的“面首”，他想要的是权力，因为这个姑妈在孙权跟前说话是很有分量的。从此，孙峻开始平步青云，慢慢爬上了东吴权力的顶峰。

不过，孙峻这个家伙虽然有副正人君子的衣冠，都偏要干些欺男霸女的荒唐事（“峻素无重名，骄矜险害，多所刑杀，百姓嚣然。”《三国志》)。对于这个欺行霸市的男宠，孙鲁班总是百般袒护。当然，坏事干多了，难免会折阳寿，孙峻不久便一命呜呼。不过，此时的孙鲁班已无“采阳补阴”的心思，因为她知道，东吴的文武百官迟早要对她“秋后算账”的（这时孙鲁班的靠山孙权，早在地下和曹操、刘备玩斗地主去了)。果不其然，到了孙休一朝，这位风流一世的全公主终于在众怒中结束了自己的生命。

三国那些霸气外露的女人们

在浸淫了数千年的封建礼教之下，女人的地位，相对于男性大抵要卑微许多。女子无才便是德，女人们在社会体系和家庭生活中往往只是扮演着“生育机器”的角色，倘若稍微有点姿色的（如妲己、褒姒等），还难免被扣上红颜祸水的帽子，被“整容”成了遗臭万年的模样。虽然其间，也曾有过一代女皇武媚娘、倾权乱政的贾南风等几位呼风唤雨的强势女流，但毕竟微微数人，寥若晨星。不过，有趣的是，在兵戈铁马、人人尚武的三国时代，女权主义却有过一次前所未有的勃发。巾帼不让须眉在三国并不只是一个传说，其中，最出名的恐怕是祝融夫人。

祝融夫人，是南蛮王孟获之妻子，武艺超群，善使飞刀，这是看过《三国演义》的朋友都知道的。当年，诸葛丞相亲征南蛮之地，有勇无谋的孟获一败再败，看见老公一再受辱，一向强势的祝融夫人终于看不下去了，决定替夫出征。于是，这位颇有威望的军中玫瑰（云南很多地方自古都是母系社会，有些地方如今还是），肩背丈八长标，腰插五口飞刀，英姿飒爽地在战场上同远道而来的朝廷军兵戈相向。面对如此霸气外露的女子，见过大场面的蜀将张嶷、马忠终于“HOLD”不住了，竟被活活生擒。

不过，祝融夫人的英雄事迹只是见于《三国演义》，在正史中鲜有记载，这难免不让人遗憾。相比于祝融夫人在历史上只是“莫须有”的人物，下面要登场的这位女流的形象要丰满了许多，她就是刘备的三房太太孙尚香。“初，孙权以妹妻先主，妹才捷刚猛，有诸兄之风，侍婢百余人，皆亲执刀侍立，先主每入，衷心常凛凛（《三国志》）。”讲的就是赤壁大战后，孙权为了巩固同盟关系，将他的妹妹孙尚香嫁给刘备。这位孙尚香同志，身手敏捷霸气外露，颇有几位哥哥的英雄气概。更有意思的是，孙尚香不爱红装爱武装，身边的一百多个女性保镖，个个都执刀守卫在她身边。面对如此霸气外露的新婚妻子，刘备每次进入内房时，都有一种步入班房的感觉，心里惴惴不安。这在诸葛亮后来的人生回忆录中就有提及：“主公（刘备）在公安时，北畏曹公之强盛，东惮孙权之进逼，近则惧孙夫人生变于肘腋之下；当此之时，进退狼跋（《三国志》）。”

更让皇叔“蛋疼”的是，这位霸气的“娇妻”还颇为蛮横，经常纵容自己的家兵在刘备的地盘上干点偷鸡摸狗的烂事（“权妹骄豪，多将吴吏兵，纵横不法”（《三国志》），当然，演义为了维护刘备好男人的形象，衬托两人的恩爱，故对此事没有提及）。后来民调表明，荆州老百姓的幸福指数直线下降。一向打亲民牌的刘备终于坐不住了，就密令自己的心腹赵云适当地开展“打黑除恶专项整治运动”（“先主以云严重，必能整肃，特任掌内事。”《三国志》）。也许，正是由于此事，赵云和孙尚香结下了梁子。后来，刘备西取蜀地，孙尚香寻思在荆州反正也混不下去了，索性带着“三岁会开枪，八岁会飙车”的天才接班人阿斗同志乘船南渡回东吴。孙尚香这个反常举动，当然让一直监视其行踪的赵云觉察到了。于是赵云赶紧联系“荆州军区的副总司令”张飞，在孙尚香办理“通关”手续的时候将阿斗拦下（“夫人欲将后主还吴，云与张飞勒兵截江，乃得后主还。”《三国志》）。

可以看出，孙尚香虽为女中豪杰，但因出身富贵人家，终究有点霸道暴戾之气，实不可取。接下来要出场的这位女豪，可要草根的多，而且，她还有个朴素的名字，叫庞娥亲。庞娥亲的父亲，因为一点小事，被当地的恶霸李寿棒杀。杀父之仇，焉能不报，正当庞娥亲的三个弟弟策划对仇人实施“斩首行动”的时候，一场突如其来的瘟疫，夺走了庞家男丁们的性命。真可谓天不遂人愿，庞家一夜之间只剩下了孤儿寡母。李寿闻之大喜，于是嚣张地在个人“微博”写上“谁敢杀我”。这条“微博”经过疯狂“转载”，终于被庞娥亲看到。庞娥亲本来就有报仇一心，再经如此煽风点火，顿时怒火中烧，立马“跟帖”道:“我敢杀你。”

经过一番“微博”互动，李寿对于庞娥亲的异常举动有所警觉，于是出门外出总是“乘马带刀”。面对装备精良的李寿，乡亲们都规劝庞娥亲就此罢手。也对，要一位手无缚鸡之力的弱女子对付常年厮混在黑社会的壮年男子，这不明摆着以卵击石嘛。不过，报仇心切的庞娥亲听不进这些，一心只想手刃仇人（“遂弃家事，阴市名刀，挟长持短，乘车伺寿。”《三国志》）。功夫不负有心人，庞娥亲终于在集市上撞见了李寿。面对“全副武装”的仇人，庞娥亲大喝一声，一把将李寿扯下马来。突如其来的遭遇，让李寿措手不及，只见手起刀落，一条八尺汉子就这般被斩于马下。良家妇女“一秒钟变杀手”，霸气外露的庞娥亲完成了一个不可能完成的任务。

不过，持刀肉搏终究对于女性不太雅观，也许，杀人于无形才是霸气的最高境界。当然，不见血的斗争的最佳场所当然是在宫廷，最后要登场的这位女流可是一位宫闱斗争中的高手，她有个极其霸气的名字，叫郭女王。女孩子叫郭美美、郭芙蓉的很多，但胆敢以“女王”自居的恐怕不多。据《三国志》记载：郭女王父亲名叫郭永，母董氏，郭女王长得特别漂亮。还在孩子时，郭永便觉得这个女儿不一般，称“她是我女儿中的王”，于是用“女王”作为她的字。

这个郭女王，从小被父亲寄予了厚望，但怎料黄巾战乱，生灵涂炭。家道中落的她，在颠沛流离中结束了自己的少女时代。后来她寄居一位大户人家，成为一名歌女。不过，这位沦落江湖的“励志姐”并未因此消沉，相反，她凭借着美貌和得体的谈吐，被主人进献给了当时还是王子的曹丕。颇有心计的郭女王很快引起了曹丕的注意，成了他的“生活秘书”，并且在曹丕和曹植的世子争夺战中，屡屡献策充当了智囊（“后有智数，时时有所献纳。文帝定为嗣，后有谋焉”。《三国志》）。

当然，郭女王能让自己的老公顺利接班，肯定也有办法让自己达到荣誉的顶峰。对于宫中女人而言，个人的最高荣誉当然是非皇后的宝座莫属。可是，横亘在郭女王面前的女人，也非等闲之辈，她就是“飘忽若神、罗袜生尘”的甄妃（曹丕结发之妻）。为了做掉自己的对手，郭女王联合曹丕身边的两位新宠李贵人、阴贵人（曹丕这人很好色），轮流在曹丕枕边说甄妃的坏话。三个女人一台戏，曹丕与甄妃的感情再深，也经不起如此挑拨。更毒的是，郭女王巧妙地利用甄妃儿子曹叡（也就是后来的魏明帝）的早产大做文章，诬称甄妃在嫁与曹丕前已有孕在身。甄妃本来就是抢来的老婆，三人成虎，曹丕真的怀疑曹叡可能不是自己的种，于是亲自质问甄妃。甄妃因为年老失宠，心中颇有怨气，还被人如此无端栽赃，难免有些出言不逊。曹丕大怒，亲下口谕，逼迫甄妃服毒自杀。

不过，故事到此还未结束，这位霸气外露的郭女王虽然达到了自己的目的，但毕竟做了亏心事，害怕甄妃死后向阎罗爷王告状，于是悄悄下令把她中毒的尸体进行“特别”处置：披发遮面，以糠塞嘴。只可怜了那位生前占尽天下美貌的人间仙子，奈何桥边芳颜尽去，衷言难诉。

貂蝉是三国第一气质美女吗

中国向来盛产美女，古代更有好事者闲来无事，遂把貂蝉、玉环、西施、昭君列为四大美女，分享“闭月、羞花、沉鱼、落雁”美誉。也正是这样一个榜单，让貂蝉坐稳了三国时代第一美女的宝座，久久不曾下来。其实，貂蝉究竟能否称得上三国第一美女，如若按照当今审美来看，确实还有几分变数。

我们先来看看《三国演义》对貂蝉出场时的描述：“年方二八，色伎俱佳。”“年方二八”说明貂蝉当时才十六岁，按现在话说就是幼齿少女；“色伎俱佳”说明貂蝉的美色才艺应该都还算不错。当然，《三国演义》是部男人大戏，对于女性描写往往惜字如金，但在市侩气息比较浓厚的民间，关于貂蝉的传说，可要比《三国演义》生动得多：貂蝉降生人世，其出生地三年间桃杏花开后即凋；貂蝉午夜拜月，月宫嫦娥自愧弗如，匆匆躲入云中；貂蝉身姿俏美，细耳碧环，行如风摆杨柳，静时文雅有余……

在这段充满了赞美的描写中我们不难发现，貂蝉应该是个倾国倾城的美女，要不然董卓吕布也不会为她刀戈相向。但这个美人胚子其实并非完美。“细耳碧环”说明貂蝉的耳朵其实偏小，只是她比较会打扮，懂得用翡翠色的耳环掩盖了自己的缺点,“行如风摆杨柳”可见貂蝉身材并不出众,应该只能算是骨感型,有点莫文蔚的味道,但她作风比较大胆,行走时运用当时比较前卫的扭臀步来吸引眼球,反而成了一道风景。此外,据说貂蝉的眼睛明显一边大一边小,也就是大小眼,这是比较致命的,因此她每次露面应该都化了比较浓的眼妆。此外,借此可以推断貂蝉为何一般都会选择在晚上比较昏暗的时候出来应酬,可能“闭月”的雅号正是由此而来。

除了相貌上存在一些缺陷外,垂涎貂蝉美色的人其实大多并非善类。来看看《三国志》作者陈寿是如何评价为她争风吃醋的董卓、吕布吧。“董卓,狼戾贼忍,暴虐不仁,自书契已来,殆未之有也。”“吕布,有虓虎之勇,而无英奇之略,轻狡反复,唯利是视。自古及今,未有若此不夷灭也。”可见,貂蝉凭着自己的青春袭人和出位打扮,充其量也只能吸引诸如像董卓、吕布这样唯利是图、富有“暴发户”气质的粗人。

较之貂蝉,三国时代里有两位女性完全有资格挑战貂蝉传统美色的权威。首先,我们来谈一下一个昵称甄姬的女人。《三国演义》里这个女人的出场,带着几分硝烟的味道。当年曹操举兵攻下邺都,打败老对手袁绍。曹丕在抄家的时候,遇见当时蓬头垢面惊恐万分的袁绍儿媳妇甄姬,一见倾心惊为天人,于是趁乱迎娶过门。不可否认,曹丕的眼光是独到的,这个甄姬,确实不是简单的女人。

甄姬在小的时候就很有主见,九岁时,就已经认识很多字,还经常用她哥哥的笔墨纸砚。哥哥嘲笑她:“女人哪用得着读书识字?还是多学女红做些针线活儿。”可是甄姬却回答:“凡是古代贤淑的女人,没有一个不是从前世的成败中吸取经验教训,引以为戒,不读书,又能学到什么?”后来军阀混战,加上饥荒,百姓都将珍藏多年的珠宝拿出来变卖,而甄家家境巨富,就打算把这些珠宝都买了下来。这时,甄姬对母亲说:“现在世道非常乱,为什么要买那么多宝贝?这些都是引来灾祸的不祥之物啊!容易激发乡亲们的仇富心理。”接着又劝母亲把家里的粮食都捐出来赈济乡亲,广布恩惠。全家都觉得她的想法好，于是就照甄姬说的做了。

可见，甄姬不仅美貌过人，而且颇为知性。从小在优越的环境成长的甄姬骨子里更是有着“穷孩子”貂蝉所不具有的与生俱来的“小资”气质，这也难怪曹操父子三人为她肝肠寸断辗转反侧。曹丕这样一个谨小慎微颇有城府的男人居然敢冒着被“罢黜”的风险硬生生地在其父亲手下横刀夺爱，可是下了极大决心。而他的亲弟弟“知识青年”曹植更是为了此女子茶饭不思,“梨花”带雨，最后染上“酗酒”的恶习。“仿佛兮若轻云之蔽月，飘飘兮若流风之回雪”，这就是小叔子曹植眼里的美轮美奂的甄姬。可见,“蔽月”的甄姬比起“闭月”的貂蝉，受众面的文化品位层次要高出不少。

比起甄姬的名声在外，另一位可以和貂蝉媲美的女性可谓是“名不见经传”，此人低调地甚至连名字都没有被史料记载，我们只知道她姓杜，姑且叫她杜氏。这个女性的老公是个同样“名不见经传”的“小公务员”秦宜禄，但杜氏的绯闻男友却是大名鼎鼎震、古烁今的“武圣”关羽。

关羽不仅义气，而且不近女色。当年关羽跟曹操混的时候,“操欲乱其君臣之礼，使关公与二嫂共处一室。关公乃秉烛立于户外，自夜达旦，毫无倦色……又送美女十人，使侍关公。关公尽送入内门，令伏侍二嫂”。可见关羽是个严格的禁欲主义者。可就是这么一位严于律己的古代军人模范，居然在攻打袁术的时候，放下自尊厚着脸皮来向曹操要求，破城之后索要杜氏。当然，老奸巨猾的曹操开了张空头支票，让关羽空欢喜一场。较貂蝉之于吕布，杜氏之于关羽更能彰显个人魅力。换句话说，能让吕布动心的人可以很多，但能让关羽心动的人仅杜氏一人，如果当初在凤仪亭的不是貂蝉而是小乔或是其他女子，董卓吕布“父子”想必同样也会同室操戈，但仅此杜氏，曹操一个“横刀立马”，竟绝了痴心人关羽所有的念想。

除却甄姬、杜氏，三国还有小乔、文姬、祝融夫人等一干美貌女子，貂蝉要想安心坐稳三国第一美女的宝座，恐怕有点难度。

曹操的老婆竟是坐台小姐

三国是个兵荒马乱的时代。连年的军阀混战，生灵涂炭，民不聊生，与之形成鲜明对比的是，不少达官贵人们的府第却是灯火辉煌，歌舞升平，宛如“天上人间”。当然，在这些高档会所里面也住着不少美艳动人的“坐台小姐”，绘声绘色地用身体“谱写”诸多香艳故事，供“老板”们消遣取乐。这其中，最大牌的应该非貂蝉莫属。

貂蝉，据说原是司徒王允府中歌妓，年方二八，色伎俱佳。这女人有闭月之貌，身姿俏美，细耳碧环，行如风摆杨柳。后董卓乱政，和“义子”吕布两个人把朝廷搞得乌烟瘴气。于是，王允忍痛割爱进献貂蝉，以图离间董卓、吕布“父子”。

这个貂蝉也是不辱使命，在董卓的高档私人会所“眉坞”掀起无边春色，“进了董卓的房，上了吕布的床”，成功斡旋于两个男人之间，导致董、吕二人最后反目成仇，“黑吃黑”火拼一场。大奸臣董卓身首异处，吕布也在其后的一场暴动中仓皇逃离长安。

此后，跟着吕布一起“跑路”的貂蝉的人生命运可就坎坷万分，但这是没得选择，就像当初因为家贫而选择做“坐台小姐”一样。他们一路上被郭汜、刘备、曹操等人追杀，最后吕布兵败命殒白门楼，貂蝉也随之销声匿迹。是被曹操锁于铜雀台？还是被关羽月下斩杀？也许，貂蝉最终的归宿，就如同她的身世一般扑朔迷离。

相对于貂蝉的命运多舛，接下来要介绍的“坐台小姐”的人生境遇可就要好得太多。这个女人的名字叫卞玲珑，后来成为大奸雄曹操的老婆。

卞玲珑出身成分并不好，年纪轻轻就来到谯郡的一家“夜总会”做歌舞艺妓，也就是“坐台小姐”。因为貌美标致，被前来喝花酒的曹操给看上了(好像曹操挺喜欢少妇型)，赎身做了小老婆。当然，这时候的曹操还不是后来那个万人敬仰的曹丞相，仅仅是一小股武装势力的小头目而已。

后来董卓祸乱朝廷，曹操弃官，微服东出避难。袁术传曹操凶讯。此时曹操的马仔们见“老大”生死未卜，均怕被董卓加害，纷纷欲散伙回家。在这关键时候，卞玲珑镇静地劝说：“曹君吉凶未可知，今日还家，明日若在，何面目复相见也？共死何苦！”小弟们一看“嫂子”出来主持大局，骚动的情绪也都逐渐平息下来。

正是背后有了像卞玲珑这样精明的女人，曹操的“社团”终于越做越大。其实精明的女人世间很多，但是精明而又贤惠的女人却是不多，卞玲珑绝对算是一个。比如说，曹操每次打仗回来都会缴获一些珠宝首饰，缴获之后就拿回来给他夫人让她挑选一件。每一次卞玲珑都选择一个中等的。曹操不解，卞玲珑说：“选个最好的，那我觉得自己太贪婪，选个最差的，又觉得太虚伪，所以就选个中等的。”

如此得体的女人，要不深得曹操宠爱都难，更何况，卞玲珑还为曹操生了如曹丕、曹植、曹彰等天赋异禀的儿子。后来曹操原配丁夫人被废，卞后就顺理成章地被扶正。从身份卑微的“坐台小姐”到母仪天下的“第一夫人”，看来卞玲珑的人生还真可谓惊艳多彩。

当然，不是每个跟着曹操混的女人都有如此好的福气。铜雀台里就有一位女子因为自命不凡，最后被曹操送上了断头台。事情的经过时这样的，这个歌妓技艺卓越，有点姿色。某日曹操要她陪自己喝喝小酒唱唱小曲。这歌妓自恃有才，脖子一抬，说:“本姑娘今天嗓子不爽，不唱!”这有点现代王菲的味道。但她毕竟不是“天后”，只是一名“坐台小姐”而已。曹操这人心眼又比较小，于是怀恨在心。他日,“又寻得一歌妓，比旧者才高十倍，方叫出旧妓嘲笑，后而杀之”。

看来，在封建社会,“坐台小姐”们想要骄傲地活着，恐怕很难。

三国三大丑女的幸福生活

提及三国时代的丑女，我们首先想到的应该是黄月英，因为她人生的“另一半”，就是大名鼎鼎的蜀相诸葛亮。诸葛亮才华横溢，自不必多说，而且，外表也是相当不错的。史学家陈寿在《三国志》中写道：诸葛亮“少有逸群之才、英霸之器，身长八尺，容貌甚伟”。小说家罗贯中笔下的诸葛亮相貌同样精彩：“身高八尺，面如冠玉，头戴纶巾，身披鹤氅，眉聚江山之秀，胸藏天地之机，飘飘然有神仙之概。”按理说，如此一表人才的公众人物，要寻个如花似玉的女子双宿双飞，应该绝非难事。可惜，事实并非如此。

要理清这段戏剧性的婚姻，我们还是先搬来《襄阳记》：“黄承彦者，高爽开列，为沔南名士，谓诸葛孔明曰：‘闻君择妇；身有丑女，黄头黑色，而才堪相配。’”黄承彦所说的这位丑女，就是黄月英。“黄头”说明了这位待嫁姑娘发色不好，黯淡、枯黄、无光泽，甚至还可能掉发（可惜当时没有洗发水）。记得当年，天王刘德华有这样一句广告语：“我心动的女孩，她要有一头乌黑亮丽的头发……”广告代言通常都是假话，但刘天王讲的这句却是大实话。“黑色”估计是指肤色，黝黑、粗糙、无质感，也许还有坑坑洼洼的痘印（中国女性以肤质细腻为美，看来这黄月英是一点边都沾不上）。不过，诸葛亮自视甚高，看中的自然不是这些低俗的表面东西。这位自比管仲、乐毅的男青年听说“才堪相配”，已然颇为心动。况且，黄承彦是当时的名士，名士不打诳语，应该不会忽悠人，于是诸葛亮爽快地答应了这门亲事。

婚后，正如诸葛亮所预计的那样，黄月英这位贤内助在事业上给了诸葛亮很多帮助。南宋文人范成大《桂海虞衡志》有记载：“汝南入相传，诸葛亮居隆中时，友人毕至，有喜食米者，有喜食面者。顷之，饭、面俱备，客怪其速，潜往厨间窥之，见数木人椿米，一木驴运磨如飞，孔明遂拜其妻，求传是术，后变其制为木牛流马。”当然，木牛流马这个类似永动机的装置，至今还尚存争议（有人说是独轮车），不过，这并不重要，因为人们在这个美丽的传说里读懂了这对恩爱夫妻的夫唱妇随。

无独有偶，诸葛亮的死对头司马懿的老婆张春华，同样也是一位丑女。《晋书》有这样记载：“帝（司马懿）尝卧疾，后往省病。帝曰：‘老物可憎，何烦出也。’”讲的就是司马懿躺在床上养病，张春华赶忙前去照顾。人生病本来精神就不好，一张丑脸还在眼前晃来晃去，司马懿气打不了一处，骂了句很现代的话：“你这老婆娘，长得丑不是你的错，但出来吓人就是你的不对了。”在这里，不得不佩服写史刀吏的文笔犀利，居然公然“诽谤”堂堂前朝国母。

不过，和黄月英不同的是，张春华不仅人长得丑，心灵也未必漂亮。《晋书》上还记载着这样一个故事：司马懿当初以“风痹”为推辞，拒绝曹操的召见。一天忽下起暴雨，他想起外面晒了书，便不自觉地前去收书。但被一个婢子看见了，张春华恐泄密，便亲自杀人灭口。这位丑女的歹毒作风，恐怕对司马懿后来的处事是有影响的。更有意思的是，这位张春华在感情生活上还颇为专制。司马懿是个男人，男人难免花心。这事让张春华知道了，就叫几个儿子也陪她一起绝食。司马懿得知后一惊，急忙向她谢罪，她便不再绝食。事后，司马懿对他人恨恨道：“这丑老东西死不足惜，我怕的是苦了我的好儿子们啊（‘老物不足惜，虑困我好儿耳’）！”看来，能把鹰顾狼视的“司马老贼”折磨的服服帖帖的，也只有张春华这个丑婆娘了。

接下来，要登场的这位同丑女演对手戏的男配角，名叫许允。这位替曹魏集团办事的“公务员”的名气才气，虽然和诸葛司马不可相提并论，但他家的女主角阮氏可比诸葛司马家的要出名的多（荣登华夏五千年四大丑女之列，另三位分别是嫫母、钟离春、孟光）。阮氏究竟有多丑，还要从她洞房花烛夜的趣事讲起：当年，阮氏出嫁，新郎官许允以为娶到的一定是个大美人（可惜当时没有大型生活服务性节目《非诚勿扰》，估计只能听媒妁一面之言）。可当他揭开头帕，初见阮氏，猛然只觉天旋地转，拔腿跑出了洞房。前来闹洞房的友人们见此情形，赶紧过来劝说许允：“哥们，境界低了不是。讨老婆不要只看相貌，更要以品行和学识为重啊。”

于是，许允在一帮友人的软磨硬泡下，硬着头皮再次来到洞房，但一瞧阮氏那副可怕模样，又吓得要往外跑。正在此时，阮女玉手一扣，一把拉住许允。许允以为阮氏要“霸王硬上弓”，吓得“花容失色”。未料，阮氏幽幽说道：“跑啥跑，聊聊还不行吗？”一见只是谈心，许允顿觉心宽，于是坐定了下来。阮氏问道：“女人四德，我只是没有漂亮的容貌。读书人应有百行，你可占了几条？”许允说：“我百行都有。”阮女又说：“据我所知，百行以德第一，而你只喜欢女人漂亮的面孔，怎么能说条条都占有呢？”许允无言以对，心中暗想，毁了别人名节是小，坏了自己清誉是大，既然生米煮成熟饭，只能将就了吧。就这样，一段啼笑姻缘总算落定了下来。后来，经过一段时日相处，许允慢慢还真感到阮氏的品行决非一般女子所能及，于是两人放下芥蒂，相亲相爱到终生。

由此看来，三国时代的丑女们的人生可谓各有风姿，黄月英以才悦人，阮氏以德服人，张春华以谋制人。不管怎样，她们各有各的幸福。

三国能预知未来的宅女

如说历史上最著名的宅男，应该要算诸葛亮吧。当年在隆中的时候，诸葛亮抱膝高吟、躬耕陇亩，一宅就是十几年，这个纪录恐怕连当今那些资深宅男们也要叹为观止。不过，别看诸葛亮平时宅在家中，睡睡觉、唱唱歌，偶尔摆弄一些奇门五行的破烂玩意儿，但对天下大势可是胸有成竹，能做到不出门而知天下事，这在那个没有网络的时代是很了不起的。按现在话说，如果你登门拜访，虚心请教一下股价、房价、油价的走势，总会受益匪浅，诸葛亮倘若心情再一高兴，或许还能套出未来几年天下大势，比如卡扎菲会不会下台啦、日本会不会再地震啦神马的。

当然，在三国这个神乎其神的时代，能预知将来的绝不仅仅只有“宅男”诸葛亮，至少还有这么一位女同志的业务水平也堪称过硬，她的名字叫辛宪英。

辛宪英是三国时魏国侍中辛毗的女儿，自幼受到良好家庭教育，聪明有才。当然，古时候女性是很少抛头露面的，因此我们的辛宪英估计也是位宅女。可就是这位足不出户的宅女，却是一位堪比孔明的神奇预言家。接下来，就是见证奇迹的时刻，让我们来看看这位宅女一生中的三个惊天预言。

预知曹魏没落

当年，曹操在曹丕曹植两兄弟之间权衡之后，决定立曹丕为世子。曹丕知道消息后，得意忘形地抱住辛毗的脖子，喊到:“辛爷，你知不知道我有多兴奋?”辛毗回来后告诉宪英，宪英叹息说:“世子的责任是，代君主主持宗庙、管理国家。代替君主，不可以不忧虑责任重大；管理国家，不可以不担心治理困难。应该胸怀忧戚、谨慎小心的时候，却反而大喜若狂，这样如何能长久？魏国国运恐怕不能兴隆了!”由此可见，辛宪英确非等闲之辈，大奸雄曹操还没有归西，这位宅女坐在家里绣绣花、养养鱼，就已预知曹魏势力的最终走势。

预知司马上位

辛宪英的弟弟辛敞是大将军曹爽的参军。当年司马懿趁着曹爽和皇帝出城打猎，关闭城门搞兵变。大将军司马鲁芝率领曹爽的府兵，冲出城门，招呼辛敞一起去平乱。辛敞很害怕，于是问计辛宪英:“天子在外面，太傅(司马懿) 关闭了城门，众人纷纭，说将于国家不利，这到底会怎么样呢?”很明显，这是一道很难对付的政治选择题，站错队伍可是脑袋搬家的事。辛宪英说:“天下有些事情是不可知的。不过据我推测，太傅也是不得已而为之。曹爽与太傅一起受遗命，却专权骄奢，不忠于王室。太傅此举是为国家着想，不过是诛杀曹爽而已。”辛敞又问:“然而事情能成功么?”宪英说:“一定能成功！曹爽之才绝非太傅之敌。”后司马懿果然诛杀了曹爽，辛氏一族也因为辛宪英的高屋建瓴而得以保全。

预知钟会谋反

司马家成功上位后，任命钟会为镇西将军去攻打蜀国。钟会请辛宪英的儿子羊琇做参军，辛宪英知道推辞不了，于是临行时给了儿子一个锦囊:

“钟会做事情纵恣任行，不是持久处下之道，我担心他有异志。为娘夜观天象，这天下一定是司马家的，钟会如若谋反那绝对是以卵击石，所以你跟着钟会混一定要小心谨慎，千万要和他划清界限。你一定要记住啊！”后来蜀灭亡，钟会果然谋反被杀，羊琇因为听了老娘辛宪英的叮嘱安然回来。

由此看来，智者所见多在伯仲之间，先有“宅男”诸葛亮蹲在“茅房”而知天下三分，后有“宅女”辛宪英未出“深闺”预知三国归晋。可见，“宅”，其实也是一门学问！

第8章

三国娱乐大盘点

在三国时代，人的活法可以很多。你可以做一下神童，玩一通刺客，装一个草包，抑或领教一把女人们的不同风情。当然，活在三国也许并不算本事，死才是一门终极艺术。

三国八大惊世神童

三国是个群星荟萃的时代，人才之多如黄河“泛滥”一发不可收拾，当然，这个时代的神童好像也特别多。

曹冲　代表作：曹冲称象

曹操的儿子曹冲是个名气很大的人物，当然，这不是因为他是个“富二代”的缘故。“曹冲称象”这个小学语文教材收录的故事在中国大概算是妇孺皆知的。“时孙权曾致巨象，太祖（曹操）欲知其斤重，访之群下，咸莫能出其理。冲曰：‘置象大船之上，而刻其水痕所至，称物以载之，则校可知矣。’”这和古希腊“力学之父”阿基米得发现“浮力定律”有着异曲同工之妙。

当然，曹冲不仅聪明，而且年纪小小就懂得体恤民勤，深受曹操喜爱。曹操几次对群臣夸耀他，有让他继嗣的意思。可惜曹冲还未成年就病逝，年仅十三岁。后来悲伤的曹操对曹丕诸子说：“此我之不幸，而汝曹之幸也。”可见曹冲在曹操心中的分量。

孙亮　代表作：孙郎断梅

孙亮是孙权小儿子。这个“富二代”也不简单，从小聪明能干，后来孙权立孙亮为皇太子。孙权死后，孙亮继承帝位，虽然当时孙亮只有十岁，但他才华横溢，没有人敢轻视他。

这里就有个“孙郎断梅”的典故，讲的是孙亮有天让黄门侍者取来蜂蜜将梅子浸渍了吃。黄门侍者同某仓库保管员有隙，于是在蜂蜜里放上老鼠屎企图栽赃。孙亮觉得其中可能有冤情，于是叫人把蜜中的老鼠屎取出来，用刀剖开，发现鼠屎外湿内燥。孙亮说：“你们看，老鼠屎外面虽湿润，但里面却很干燥，可见鼠屎在蜜中时间并不长，并不是原来就在蜜罐里的，一定是黄门取出密以后加进去的。”官员们听了都很佩服孙亮。

只不知，刘备见老对手曹操、孙权的儿子都是如此聪明伶俐，心中究竟是何滋味。

孔融　代表作：孔融让梨

孔融是个很有来头的人，家学渊源，建安七子之首，更是“文圣人”孔夫子的二十世孙。《后汉书》称孔融“幼有异才”。当然，让孔融名扬天下的还是“孔融让梨”这个小故事。据《融家传》记载，孔融兄弟七人，他排行第六。在他四岁时，每次兄弟们一起食梨，哥哥们都拿大的，他却总是拣小的。家中大人问他缘故，他回答说：“我小儿，法当取小者。”为此，他受到孔氏宗族的夸赞。

当然，孔融不仅懂礼貌，而且好辩才。十岁那一年，孔融随父亲来到首都洛阳，中大夫陈韪听说孔融有异才，很不以为然地说：“小时了了，大未必佳。”孔融立即反驳道：“想君小时，必当了了。”辩得陈韪无话可说，在座的人听了无不惊叹。

周不疑　代表作：不疑十计

天才是对比出来的，周不疑的“参照物”就有两人，一人是曹冲，一人是曹丕。周不疑和曹冲年纪相仿，两人关系很好，互为好友，曹操也很喜爱他，一度想让他做自己的乘龙快婿。可是曹冲死后，曹操的心就变了，因为他每当看见周不疑的时候就想起曹冲，心痛不已，于是命人暗杀之。曹丕询问曹操为何如此，曹操一针见血地说：“此人非汝所能驾驭也。”连曹丕都无法驾驭的人，可想而知，长大后还不就又是个司马懿。

此外，《零陵先贤传》还有这样一个故事，曹操攻柳城不下，图画形势，为难计策，周不疑进十计，攻城即下也。这颇有鬼才郭嘉当年“十胜十败说”的风范。

诸葛恪　代表作：诸葛之驴

诸葛恪是个能言善辩的人物，“少有才名，发藻岐嶷，辩论应机，莫与为对”。可见，在辩论口才方面吴国人没有能比的过他的。孙权觉得诸葛恪是个人才，谓瑾曰：“蓝田生玉，真不虚也。”

有这样一个典故，讲的是诸葛恪的老爹诸葛瑾面长似驴（也就是现在的马脸），孙权大会群臣，使人牵一驴入，长检其面，题曰诸葛子瑜（诸葛瑾）。恪跪曰：“乞请笔益两字。”因听与笔。恪续其下曰：“之驴。”举座欢笑，乃以驴赐恪。

不过，面对诸葛恪张扬的性格，诸葛瑾常嫌之，谓非保家之子，每以忧戚。后来，果不出所料，诸葛恪在一场政治斗争中惨遭屠杀。

王戎　代表作：王戎识李

王戎，魏晋著名的清谈组合“竹林七贤”成员之一，自幼聪颖，身材短小而风姿秀彻，中书令裴楷称其双目“烂烂如岩下电”。

神童王戎七岁的时候，“尝与诸小儿游。见道旁李树多子折枝，诸儿竞走取之。唯戎不动。或问之，答曰：‘树在道旁而多子，此必苦李。’取之，信然”。可以看出，王戎洞察力是很强的，路边李树上的李子若是甜的，估计早被路上采光，也轮不到他们几个小屁孩。

尽管王戎的洞察力惊人，但他的人品和智商好像不成比例。《世说新语》有记载：“王戎有好李，卖之，恐人得其种，恒钻其核。”说的就是王戎家种有一大片品种很好的李树（看来王戎这辈子是跟李子拗上劲了），怕别人得到他家的良种，上市前总是先将李核统统钻破。这一举动，受到了世人的普遍讥笑。

王粲　代表作：王粲复盘

王粲少时即有才名。《三国志·王粲传》说他“性善算，作算术，略尽其理。善作文，举笔便成，无所改定，时人常以为宿构，然正复精意覃思，亦不能加也”。用现在的话说，就是王粲的语文算术都不错，算是一个文理科俱佳的全才。

不过，王粲真正的过人之处在于记忆力超强，能够过目不忘。有次，王粲在旁边看人下围棋，一不小心把棋盘给碰翻了。下棋的人很生气，责备王粲。王粲二话不说，就在旁边重新摆过了一盘。摆好后，经过对照，一子儿不差。可见，王粲记忆力堪称惊人。

王粲盛名远扬，就连当时的文坛巨匠蔡邕也对他刮目相看。有天蔡邕听说王粲前来拜访，慌忙出迎，连鞋子都穿反了。宾客们见蔡邕为了一个十来岁的孩子竟如此屈尊，大为惊讶。蔡邕明白众人的心思，就说：“这是王公的孙子，有特殊的才能，我是不如他的。”

何晏　代表作：何氏之庐

何晏是曹操的养子，也是三国时期著名的美男子。此人涂脂抹粉、步路顾影、服药行散、谈玄论道等作风，完全是魏晋世族派头。不过，这个“享受主义者”的童年，却是负有盛名。

《世说新语》就有记载：“何晏七岁，明慧若神，魏武奇爱之，以晏在宫内，因欲以为子。晏乃画地令方，自处其中。人问其故，答曰：‘何氏之庐也。’魏武知之，即遣还外。”看得出来，这是何晏不愿做曹操义子所做出的委婉抗议，在曹操的府中划出一块地称为“何氏之庐”，摆明了不想改姓曹。《太平御览》也有记载，何晏与曹氏诸子别席而坐，并声称：“礼，异族不相贯坐位”，可见，何晏颇以家世自矜，不屑与阉党出身的曹氏为伍。只不过，这个清高奢华的何晏最后却因为曹氏被杀，不知是不是一种讽刺。

三国八大著名草包哥

三国是个大气磅礴的时代，造就了许多英雄豪杰。当然，这些俊杰的成功，绝对离不开背后无私奉献自己青春甚至生命的草包们。

袁绍：最漂亮的草包

袁绍这人起点应该是蛮高的。英俊威武、礼贤下士、四世三公、门多故吏，这些行头放在哪个时代都堪称漂亮。早在董卓专权时，袁绍与其政见不同，逃奔冀州，后更被推举为反董卓联合军的盟主，一直以正面形象示人。

可惜此后，袁绍的形象发生变化。曹操是这样对他进行评价的："色厉胆薄，好谋无断；干大事而惜身，见小利而忘命。"换句现代点的话说，袁绍是天才，对他有利的他一定不听，对他不利的他肯定要听的（易中天语）。到官渡之战时，袁绍的公众形象已经一落千丈。在同曹操的直接PK中，袁绍的草包本色暴露无遗，数万兵力的家当就这样不明不白地消失殆尽。

因此，说袁绍是漂亮的草包，绝对名副其实。

何进：最大牌的草包

何进，本为屠夫，因为其妹入宫为皇后，以外戚身份入仕。汉灵帝在位时，封何进为大将军，率兵讨伐黄巾军，成为当时实际的一号掌权人物。

后来何进看不惯宦官专权，寻思借机铲除宦官势力。这本来是一件好事，但草包何进忌惮宦官势力庞大，无法将他们一网打尽，于是在另一个草包袁绍的建议下，做了一个愚蠢的事情，就是召前将军董卓等人引兵入京以让何太后下决心除去宦官，这也为后来的董卓之乱埋下伏笔。

宦官们知道外兵入京要对付自己，设计让何太后召何进入宫，并埋伏刀斧手于宫中。在这个关键时候，何进再次展现草包本色，觉得自己是个大牌人物，宦官不敢拿他怎样，于是不听众人劝阻，只身入宫，中了埋伏被斩。

何进这个只懂拿屠刀耍大牌的草包，导致朝廷大乱，加速了汉王朝的覆亡。但同时，也为曹操刘备等英雄俊杰登上历史舞台创造了条件。

刘禅：最委屈的草包

在历代中国人看来，刘禅应该都算是一个公认的草包。“扶不起的阿斗”让刘禅背负了近两千年的臭名。其实说刘禅是“扶不起”确实有点委屈。当时以蜀汉的那点人力资源要和地大物博的魏国PK，确实有些勉为其难，连天才诸葛亮都办不到的事，为何偏偏要刘禅这样一个后生办到。而“此间乐，不思蜀”更是彻彻底底地给刘禅贴上草包的标签。可试想，如果这位西蜀后主也像南唐后主李煜那样天天喊着“问君能有几多愁”，不知结局是否还是这般安乐。也许，阿斗毕竟喊了相父近十年，诸葛亮的政治手腕还是学到点皮毛。“大智若愚才能明哲保身”，不知这是不是诸葛亮留给阿斗的最后一个锦囊。

夏侯楙：最正太的草包

夏侯楙，夏侯渊之子，其妻为曹操之女清河公主。也就是说，夏侯楙是个驸马爷。

这位驸马爷可谓一表人才。唇红齿白，面如冠玉，按现在话说就是挺“正太”，特“萌”，这也难怪公主会看上他。可惜，帅不能当饭吃，打仗就更不是请客吃饭。从未上过战场的夏侯楙被老道的孔明玩于鼓掌当然是意料之中。

诸葛亮对这位战场上的“处男”是这样评价的：我放走夏侯楙如同放走一只鸭子，而我得到姜伯约则如同得到一只凤凰（因为诸葛亮的离间计，致使姜维归降蜀汉）。

曹爽：最跋扈的草包

曹爽，魏国大将军曹真之子，曹操族孙。曹爽这人小时候还比较谦逊，可自从成为魏明帝曹睿托孤首臣后，开始垄断大权，任用私人，肆无忌惮纵容他的党羽亲信胡作非为霸占良田，窃取官物，向其他州郡要求索取，颇有后汉“跋扈”大将军梁翼之风。

可就是这样一个“跋扈”将军，却又毫无大志，后来在政治斗争中完败于司马懿，直接致使魏国变天改姓司马。其实在当时那场斗争中，如果曹爽听从桓范的良策，挟帝诏告天下讨司马，估计司马懿未必能应对。可惜大草包曹爽贪图安乐，想了一夜觉得司马懿会保留其爵位，于是决定放弃抵抗，而请皇帝罢免自己，并向司马懿认罪投降。

当然，这个跋扈又短视的草包的最终下场就是被屠灭三族。

蒋干：最屁颠的草包

蒋干这人很有意思，做事特别高调。赤壁之战前，此人自告奋勇充当曹操之说客，企图劝降周瑜。不想周瑜将计就计，摆下“群英会”，诱导其盗走假的张允、蔡瑁二人的“投降书”，以反间计除去精通水军的张、蔡二人。

当然，对于发生的一切，草包蒋干自始至终仍蒙在鼓里，还屁颠屁颠地向曹操邀功。后又屁颠屁颠地把庞统引见给曹操，致使曹操轻信了庞统献的连环计，直接导致战争的失败。

蒋干两次过江，两次中计，不仅葬送了曹魏的大好局势，也间接促成了后来的三国鼎立。因此，对于蒋干的身份我们只能这样说，如果蒋干不是双重间谍，那么，他就是史上最大的草包。

蔡瑁：最倒霉的草包

汉末，蔡氏家族在荆州一带相当鼎盛。蔡瑁，就是这个庞大家族的一员。当时荆州的最高“领导人”叫刘表。刘表有两儿子，长子叫刘琦，少子叫刘琮。后来刘琮娶刘表后妻蔡氏（蔡瑁妹妹）侄女为妻，蔡瑁得到刘表的宠信，时常在刘表耳边吹风说刘琮的好话，导致刘琦刘琮两兄弟矛盾重重。

后曹操已兵临襄阳，草包蔡瑁本着不抵抗政策，怂恿刘琮率数万荆州大军投降曹操。降曹后蔡瑁被封为镇南侯水军大都督，负责操练水军，后因另一个草包蒋干的错误情报被曹操不明不白地错杀。

蔡瑁当初主张降曹无非是想保荣华富贵，却不料最后身首异处。说蔡瑁是最倒霉的草包绝对毫不为过。

曹豹：最郁闷的草包

曹豹，绝对是三国时代最郁闷的草包。当然，这得怪他父母，给他取了曹豹这个名字（草包谐音，哪怕叫曹虎曹泥马也好啦）。

曹豹这个人有个女儿，后来嫁给吕布，他也就成了吕布的岳父。这本来应该算是挺有面子的一件事情，可是曹豹偏偏又在张飞手下混，这就很不巧。张飞痛恨吕布是大家都知道的，因此张飞就没少给曹豹小鞋穿。有一次张飞设宴请各官赴席，敬酒到曹豹面前，曹豹只饮一杯，张飞借题发挥，当着众人的面鞭打曹豹。曹豹是个爱面子的人，被张飞这样侮辱了，心里肯定不平衡，后来和女婿吕布密谋，吞并了徐州。后来曹豹在追杀张飞的过程中，被张飞反戈一击，连人带马，死于河中。

曹豹这个草包，因为自己的报复心，不仅丢了性命，也间接地害死了自己的女婿（白门楼刘备摆了吕布一道，很大原因就是怀恨吕布当时夺了徐州）。

三国八大刺客

提起刺客，首先想到的应该是刺秦的荆轲。“风萧萧兮易水寒，壮士一去兮不复返”更为刺客画上了悲凉的符号。汉代史官司马迁的《史记》中甚至还专门列一篇《刺客列传》，也算是对刺客这个行业的一种肯定吧。在承接两汉衣钵的三国时期，当然，也少不了刺客。

最大牌的刺客：曹操

曹操一直是个很有争议的人物，包括他的身份。曹操可以是个浪漫的诗人，也可以是个不折不扣的色鬼，还可以是个变态的杀人狂魔（制造过徐州屠城），甚至还是个太监的孙子。当然，曹操还有一个身份，那就是刺客。

东汉末年，西凉军阀头子董卓弄权，祸乱朝纲，民不聊生，引起满朝百官的强烈不爽，其中当然也包括曹操。于是曹操找了借口，进入董卓内室试图行刺，欲拔刀刺之，惧卓力大，未敢轻动。卓胖大不耐久坐，遂倒身而卧，转面向内。操又思曰：“此贼当休矣！”急掣宝刀在手，恰待要刺，不想董卓仰面看衣镜中，照见曹操在背后拔刀，急回身问曰：“孟德何为？”

时吕布已牵马至阁外。这时情况已是十分危急，前有董卓后有吕布，好在曹操脑筋转得快，顺势持刀跪下，曰:“操有宝刀一口，献上恩相。”

就这样，曹操凭着自己的脑筋急转弯，为“跑路”争取了宝贵的时间，最后终于成功逃过董卓的捕杀。

水平业余的刺客：伍孚

董卓专权可谓是人神共愤。在曹操之前，早有人已经对董卓暗下杀手。这个人就是伍孚。

越骑校尉伍孚，见卓残暴，愤恨不平。于是这个小“公务员”有事没事就在工作服里面揣把短刀，寻找机会刺杀董卓。后来还真让伍孚逮到机会。“一日，卓入朝，孚迎至阁下。”“公务员”拍“领导”马屁是件再正常不过的事，所以董卓也没有在意。突然,“孚拔刀直刺卓。卓气力大，两手抠住，吕布便入，揪倒伍孚。卓大怒，命牵出剖剐之。孚至死骂不绝口。”

也怪伍孚业余，凭着一把小刀就想杀掉这个在西凉混了几十年的军阀头子，确实天真得很。

临义忘生的刺客：许贡门客

在这里，不得不先提一人，这人就是郭嘉。郭嘉当然不是刺客，但却是个天才的预言家。当年曹操与袁绍相持官渡，孙策打算渡江偷袭许都。嘉曰:“策轻而无备，虽有百万之众，无异独行中原也。若刺客伏起，一人之敌耳。以吾观之，必死匹夫之手。”而许贡门客要刺杀之人，恰恰正是孙策。

当年，许贡在孙策手下做事。其间，多次向朝廷送密信，揭露孙策背叛朝廷拥兵自重的恶行。后事情败露，孙策诛杀了许贡。“许贡有门客三人，欲为许贡报仇，恨无其便。一日，孙策引军会猎于丹徒之西山，赶起一大鹿，策纵马上山逐之。只见树林之内有三个人持枪带弓面立。一人拈枪望策左腿便刺。策大惊，一人早拈弓搭箭射来，正中孙策面颊，血流满面，被伤至重。后金疮迸裂而死。”

试想如果颇有项羽之风的“小霸王”孙策未死，后来的格局也许就是“曹孙版”楚汉相争，当然，那就没有“草鞋哥”刘皇叔什么事了。

被“忽悠”的刺客：平原刺客

早年，刘备跟着老同学公孙瓒混。数有战功，试守平原令，后领平原相。任职其间，刘备有个叫刘平的手下，自尊心挺强，觉得在一个编草鞋的人手下混面子上过不去，于是“结客刺备，备待客甚厚，客以状语之而去”。

为何客不忍刺，语之而去。估计是被刘备给“忽悠”了。如果我们还原当时的场景应该是这样的：刘备拉着刺客的手，坐在一个小板凳唠嗑，“人是人他妈生的，妖是妖他妈生的，我们都是妈生的，何必打打杀杀伤和气呢，要是不小心砸到周围的花花草草那就不好啦……”后来刺客实在受不了，索性把刀递到刘备手里，哭着哀求道：“哥……刀在这里……你就给我一刀痛快吧。”

可见，刘备的“忽悠”功夫确实高超。

遭遇“淡定”哥的刺客：刺客某

曹操是个“爱才如命”的领导，当年听说司马懿有点能耐，想召他出来做事。可是司马懿觉得自己是名门之后，在一个太监的孙子手下做事非常“憋屈”，但是曹操他又惹不起。于是，司马懿想了一个办法，装成得了“风痹”，眼睛嘴巴歪着，口水乱流，话也说不清楚，还半身不遂，有点类似现在的植物人。

曹操这人疑心很重，于是派刺客去打探究竟。刺客翻墙来到司马懿的卧室，挥剑刺向司马懿。司马懿也确实“淡定”，他料想是曹操派人查验他的病情，跑一定死，不跑也许还有活路，于是将计就计，装着病重的样子，任凭刺客处置。于是刺客认定是真得了“风痹”，于是收起剑，出门，扬长而去。

“魏武使人夜往密刺之，坚卧不动”。可见司马懿绝对是三国第一“淡定”哥。

拿剪刀的刺客：范疆、张达

三国是个奇妙的年代，编草鞋的可以当皇帝，杀猪的可以当将军，当然，拿剪刀的也可以当刺客。

当年，关羽遭到孙权暗算，客死“他乡”。“张飞报仇心切，限三日内制办白旗白甲，三军挂孝伐吴。帐下两员末将范疆、张达入帐告曰：‘白旗白甲，一时无措，须宽限方可。’飞大怒，叱武士缚于树上，各鞭背五十。鞭毕，以手指之曰：‘来日俱要完备！若违了限，即杀汝二人示众！’打得二人满口出血。”

当时做衣服没有现在的“流水线”，三天肯定完成不了任务，范疆、张达想反正横竖都是死，干脆一不做二不休，杀了张飞投奔孙权，也许还能混个一官半职。于是这对“剪刀手双雄”趁着夜黑风高杀人夜，一刀拿下还在熟睡的张飞的脑袋，星夜逃亡东吴。

其实，张飞爱敬君子而不恤小人。刘备早就告诫过：“卿刑杀既过差，又日鞭挝健儿，而令在左右，此取祸之道也。”因此，张飞最后死于他手并不出人意料。当然，范疆、张达最终仍难逃被枭首的命运。

背黑锅的刺客：成济

司马懿设计夺了曹爽军事大权之后，其实，北魏就已经是司马氏的天下了。等传到司马昭这代，便有了自立的野心。当时魏国的皇帝叫曹髦，是个急性子的人，看不惯司马昭专权，于是天真地带着几个太监去“抄家”。结果当然被司马昭的手下给包围了。但曹髦毕竟还是皇帝，大家见了曹髦，谁也不敢先动手。这时候，司马昭的心腹贾充出来说话了。贾充向身边的成济喝道:“司马公养你何用？正为今日之事也！”济乃绰戟在手，回顾充曰:“当杀耶？当缚耶？”充曰:“司马公有令，只要死的。”成济撚戟直奔辇前。一戟刺中前胸，撞出辇来；再一戟，刃从背上透出，死于辇傍。

刺杀当朝皇帝可是大事，司马昭为了缓解群众舆论压力，于是就把成济揪出来背“黑锅”。“昭曰:‘成济大逆不道，可剐之，灭其三族。’济大骂昭曰:‘非我之罪，是贾充传汝之命！’昭令先割其舌。济至死叫屈不绝。弟成倅亦斩于市，尽灭三族。”

成济这个“可怜”的临时刺客，就这样成了帮司马昭擦屁股的冤死鬼。

潜伏敌营的刺客：郭修

估计绝大多数人是从诸葛亮的千古名篇《出师表》知道费祎的。费祎也算是个不错的人才，在继诸葛亮、蒋琬之后，担任蜀汉的第三任首辅大臣。可就是这样位高权重且小心谨慎的人物，竟然在一次酒宴上被人刺杀身亡。

刺杀费祎的人叫郭修，是一个魏国来的降将。郭修被抓到蜀汉之后，被刘禅任命为左将军。但这位郭修不忘旧主之恩，对高官厚禄没有什么兴趣。在蜀国的某次“新春团拜会”上,“魏降人郭循（修）在坐。祎欢饮沈醉，为循（修）手刃所害”。

后来，魏国皇帝曹芳听说了郭修的英雄事迹，大为感动，下令封赏了郭修族人。

三国八种离奇死法

王朗：被骂死

王朗原本是会稽郡太守，后来成为曹操的部下。曹操死后，王朗和华歆一起成为逼宫的大臣首领，所以名声一直不太好。诸葛亮一出祁山，年已七十六岁的王朗自告奋勇随同曹真出战，自称能够把诸葛亮劝降过来。两军对阵，王朗在阵前想要诱降诸葛亮，结果被诸葛亮反唇相讥，王朗急火攻心，倒下马而死。

为何王朗会被骂死？其一，王朗是三朝老臣，而且又是文人，文人是极其爱面子的，被诸葛亮在大庭广众之下当着那么多人尤其是部下的面骂“皓首匹夫！苍髯老贼!”，情何以堪。其二，当时王朗已经是76岁高龄的老人，应该存在一定的冠状动脉硬化和脑动脉硬化，估计情绪一激动，暴毙马下也是正常。其实，像王朗这样被骂暴毙的案例不在少数，例如不久前新闻报道中就有一起乒乓球夙将在香港旅游因不堪忍受导游的强迫购物辱骂而命丧他乡。

夏侯杰：被怒吼吓死

夏侯杰是曹操的同族侄子，英勇善战，故深受曹操喜爱，征战时常常带在身边。可就当夏侯杰准备要大展拳脚的时候，却在长坂坡之战中因张飞一声怒吼，跌下马来而死。

按理说，夏侯杰也算名门之后，是见过世面的人，怎会被张飞一个怒吼吓个魂飞魄散呢。还原当时场景应该是这样的，夏侯杰的坐骑是"马二代"，十分胆小，被大黑汉张飞的一个大吼吓了一跳，受了惊。可怜的夏侯杰因此不慎摔到马下，由于是后脑勺着地，送"军区医院"医治无效身亡，后被曹操追认为"因公牺牲"，封"烈士"称号。

刘安之妻：当食物杀煮而死

三国是男人戏。三国中的女人命运往往是悲惨的，其中更有一个女人，若论悲惨，无人可出其右。这个女人就是猎户刘安的妻子。

事情的经过前文已经提及，当时刘备借宿到猎户刘安家，刘安没有找到野味，为了讨刘备欢喜，竟然杀妻煮肉给刘备吃。据说刘备当时吃得很香，后来也知道是刘安之妻之肉，但是并未斥责刘安，相反，还给刘安很高的评价。当然，按刘备习性，他的表现应算正常，他以前就说过"兄弟如手足，妻子如衣服"，因此，在这件事情上他连象征性地装作呕吐一下都干脆免掉了。

应该说，刘安之妻为推动人类饮食业的进步还是作出了贡献的，不知香港恐怖片《人肉叉烧包》的灵感是不是就源于此。

貂蝉：因影子被打而死

貂蝉是三国中一个耳熟能详的公众人物，但是吕布在白门楼毙命之后貂蝉何去何从却是众说纷纭。

其中的一个版本是这样的，说曹操知关羽爱色（曾经和曹操争过女人），为了离间桃园三兄弟，曹操阴险狡诈地将貂蝉送给了刘备。某夜，关羽路过花园，瞧见貂蝉正在赏月，不禁心间一动，世间竟有如此美女。不巧青龙偃月刀落，恰打在貂蝉影子上。貂蝉是何等金贵之人，竟因此香消玉魂，化作一缕青烟飘向月宫。

如用现代科学理论分析，貂蝉应该是死于惊吓。当时场景应该是这样，貂蝉改嫁刘备后心事重重，恰巧这时背后一身巨响（青龙偃月刀八十二斤，落地声音肯定不轻，而且落在貂蝉影子上，说明关羽距离貂蝉只有一米开外距离），惊恐回望时看见一个巨大黑影（关羽两米来高），顿时气不顺昏厥过去。料想当时关羽害怕男女授受不亲，赶忙跑去请示刘备，错过了抢救的最佳时机。

这件事情告诉我们，不要在晚上躲猫猫吓人，没准会出人命的。

赵云：被绣花针扎死

常山赵子龙，一身都是胆，相信中国有不少人都是其“粉丝”。就是这样一个无敌的英雄人物，据说竟然死于妻子之手。

相传，赵云征战沙场多年，竟无一处伤痕。可就在赵云八十多岁时，一天妻子给他洗澡时看见他一身白皙，说将军一生在疆场上拼杀竟然没受过半点伤，并和他开玩笑说，今日妾身就让将军见红，说罢就用绣花针扎了一下赵云。谁知赵云竟血流不止，后来面色惨白，妻子知道不妙连忙用手去堵，但为时已晚。赵云说我在疆场上百战百胜，没受过半点伤，没想到今天竟死在自己最爱的妻子的绣花针下。

由此推断，赵云实则死于血友病，一种缺乏凝血因子引起血浆凝结时间延长的遗传病。同时，这件事情也间接告诉我们，夫妻生活应该讲究和谐，不要一味追求一些高难度动作，否则可能造成不必要的伤害。

吕蒙：被阴魂锁命

吕蒙是个很有争议的人物，一方面其用卑劣手法诛杀大众偶像关羽而被人们不齿，另一方面其确有真才实学，“士别三日，当刮目相待”说的正是此人。

吕蒙的死也颇为蹊跷。相传孙权为吕蒙摆酒庆功，贺其诛了心腹大患关羽。酒席正酣，吕蒙突然跳出，披头散发，连叫数声“吾要杀吕贼，吾誓杀吕贼……”倒地而死。众人皆说关羽阴魂锁命。

从症状上看吕蒙得的应该是幻想症，一种精神病。估计吕蒙在备战关羽时精神压力大，偷袭战胜关羽后觉得心里忽然没了寄托。人的心理在大紧大松快速转换下，确实容易患上精神疾病。而且，孙权为表彰吕蒙，天天喝酒笙歌，于是加速了吕蒙病情的发展。

可见，一个人在心里存在问题的时候不应该暴饮暴食，吕蒙就是前车之鉴。

司马昭：自己笑死

相传，司马昭在宴请后主刘禅时问：“你很思念蜀国吗？”刘禅说：“这里很快乐，我不思念蜀国。”郤正（蜀国遗老）知道了这事就指点他说：“如果司马昭再问起时，你应哭泣着回说先人的坟墓都葬在蜀地，我是天天都在惦念着。”等到后来司马昭再次问他时，刘禅便照着郤正教他的话回答，说完并闭上眼睛，想装出要哭的样子。司马昭于是说：“为何你刚才所说的话，像是郤正的语气呢？”刘禅听了大惊，睁眼望着司马昭说：“您的话确实没有错。”司马昭让刘禅给逗得哈哈大笑，后来气不顺居然给笑死了。因此才有了“司马昭笑刘禅——乐极生悲”这个谚语。

笑死看来匪夷所思，其实仔细研究一下也不无道理。司马昭连年征战公务繁忙还要防曹氏复辟，工作压力肯定不小，加上当时年事已高（55

岁），不免得些高血压、高血脂、高血糖之类的疾病，在刘禅逗乐（很有可能是装傻）之下，肾上腺素等物质分泌增加，造成血管破裂，最终死于脑溢血。

由此看见，阿斗实是大智若愚之人，轻描淡写间就将自己的仇人杀之于无形。

潘凤：被秒杀

俗话说，大丈夫当战死沙场，如果在战场上被对方敌将秒杀，确实不是一种很体面的死法。

潘凤是在十八路诸侯对战华雄时粉墨登场的。当时情况是这样的，华雄连斩盟军数将，气焰极其嚣张。正在盟军一筹莫展之际。韩馥说："吾有上将潘凤，可斩华雄。"不料去不多时，小将飞马来报："潘凤又被华雄斩了。"

其实在三国像潘凤这样被秒杀的小人物不在少数，他们无私地用自己奇形怪状匪夷所思的死来换取人们对关羽等诸多名将的崇拜。因此，我们应该向潘凤之辈致敬，正是因为他们的无私奉献，才让短短几十年的三国时代如此丰富多彩。

三国女子八宗最

三国是一部男人大戏，里面的女性人们所能记住的并不太多，“闭月似貂蝉，流离若大乔，天香如小乔，枭姬般尚香”，也许就是人们对三国女性的普遍认识。其实，三国里面还有许多不太为人知的女性形象，正是她们的存在丰富了三国时代的色彩。

最大义凛然的传统女性：徐庶之母

古语有云：“士为知己者死，女为悦己者容。”中国古代女性往往被文人修饰成只懂涂脂抹粉舞袖弄花之流，但其中也不乏大义凛然者，比如三国时期著名谋士徐庶的母亲。

徐庶这人很有军事才能，早年在刘备手下混得风生水起，搞得对头曹操焦头烂额。后来曹操采用程昱的计策，利用徐庶的母亲做诱饵把他拉过来。徐庶是孝子，不明就里，立刻辞别刘备，来到了许昌。徐母见徐庶因为她而从刘备那里来到曹操处，勃然大怒，大骂徐庶弃明投暗，自取恶名，骂得徐庶伏拜于地，大气都不敢喘一下。

徐母越骂越激动，恰巧屏风后有一条绳子，于是徐母一不做二不休，干脆自缢于梁间。徐母以死诠释大义，徐庶为此悲恸不已，发誓终身不为曹操献一策，于是也有了“身在曹营心在汉”这样一个典故。

最可泣可叹的无名女性：刘安之妻

这个女性是猎户刘安的妻子，古时的女性大多没有名字，因此我们只能姑且把她悲哀地称为无名氏。当时刘备借宿她家，无名氏丈夫安排饭局，没有找到野味，为了讨刘备喜欢，竟然杀妻煮肉给刘备吃，并编着说是狼肉。

更可悲的是，无名氏的死并没有换来世人的眼泪，相反，刘安的杀妻行为在当时的主流社会居然被广泛地认可为正义之举，刘备、曹操还分别在不同场合对刘安大公无私的表现进行表扬。可泣那无名氏，用自己的身家性命换来了丈夫的平步青云。可见，传统妇女在三国甚至整个封建社会地位是何其低下，在那些男人眼里，她们也许只不过是传宗接代的工具而已。

最感天动地的悲情女性：蔡文姬

蔡文姬，东汉大文学家蔡邕的女儿。此女精通音乐，善作诗文，很有才华，却不幸生在乱世，在董卓之乱中被匈奴人掠走，嫁给了文化层次较低的粗人匈奴左贤王，做了十二年的“压寨夫人”。后曹操用千金把蔡文姬赎回，嫁于屯田都尉董祀，并让其整理父亲的著作。

蔡文姬的一生经历了三次婚姻。她的第三任丈夫董祀后来犯事，按律当斩，蔡文姬大雪天披散头发赤着双脚祈求曹操给他条生路，其言其行可谓感人，连堂上宾客都为之落泪。虽说，蔡文姬“回归故土，终有夫家”的结局算是善终，可是一双儿女就此留在了匈奴。从此天各一方，一生不得相见。

可见，蔡文姬纵有才情，可作为一个女性，她的一生何尝不是悲苦的，她的《胡笳十八拍》和《悲愤诗》等名篇，也许就是蔡文姬凄凉心境的很好体现。

最心胸豁达的大度女性：吴夫人（孙权生母）

相信大家都对《三国演义》里吴国太这个人物颇有印象，要不是这个老太太力促刘皇叔和孙尚香的婚姻，恐怕刘备早已经如刘安之妻那般被孙权、周瑜大卸八块了罢，更别谈后来的三分天下。

可这个慈眉善目的吴国太，其实并不是孙权的生母。而孙权的生母不是别人，正是吴国太的姐姐，为了区别，我们把她称为吴夫人。这位吴夫人，早年和妹妹一同嫁给“江东之虎”孙坚。可惜孙坚早亡，吴夫人心存感伤，不久也随之而去。临终前，吴夫人叮嘱孙权曰：“汝事子布、公瑾以师傅之礼，不可怠慢。吾妹与我共嫁汝父，则亦汝之母也；吾死之后，事吾妹如事我。”

女人向来是醋坛子，可吴夫人不仅和妹妹共事一夫，而且毫无芥蒂，实属难得，可谓三国乃至整个封建社会少有的大度女性，绝非杨玉环、赵飞燕等同亲生姐妹争风卖宠之辈所能比拟。

最目光短浅的后宫女性：何太后

何太后，汉少帝刘辩的老妈。此女有个屠夫哥哥，名叫何进，同当时内宫专权的十常侍十分不合，屡次想“做掉”他们。可这个何太后，在大是大非面前立场不够坚定，胳膊肘向外拐，屡次三番阻拦何进，结果导致何进身亡，十常侍弄权，朝廷瘫痪，进而给地方军阀董卓进京创造合理借口，造成国家大乱。

这个“头发长见识短”的女人，不仅没有保住自己儿子的皇位，还直接加速了汉王朝的覆灭，甚至丢掉了卿卿性命。何氏为自己的短视，所付出的代价实在太大。

最不为人知的魅力女性：杜氏

“河北有甄姬，江南有二乔”，说的都是三国时代少有的美女。可还有一个绝色美女，《三国演义》却有意不提了，此人便是秦宜禄的前妻杜氏。

据说，当年曹操刘备合兵攻打下邳。其间，关羽好几回向曹操表示，城破以后，他要娶杜氏为妻。曹操为人好色，留了一个心思，攻下邳城后，曹操马上召见杜氏，见果然是个美人，于是先下手为强，立刻纳入后宫，这使关羽十分扫兴。

不知后来关羽过五关斩六将义无反顾地投奔刘备，是否是对曹操当年的“背约”心存芥蒂。后来，罗贯中这个关羽的铁杆“粉丝”，为了塑造武圣不为女色所动的光辉形象，理所当然地就让杜氏在《三国演义》里神奇地消失了。

最伤自尊的单身女性：樊氏

三国时代为女人翻脸的事件还真不少，曹操和关羽算一例，赵云和赵范也能算一例。

赵云和赵范是因为一个叫樊氏的女人闹翻的。樊氏，桂阳太守赵范的嫂子，一个颇有姿色的寡妇。当初赵范为了结交赵云，可谓煞费苦心双管齐下，一方面和赵云称兄道弟，另一方面想方设法把自己的嫂子樊氏许给赵云。可惜的是，热脸贴上冷屁股，赵云死活就是不肯答应，这个美人公关最后以失败收尾。

据说，当时樊氏都已经爬上了赵云的床，可不知是樊氏的床策功夫实在不行，还是赵云另有隐情，最后两人还是不欢而散。俗话说，“女追男，隔层纱”，可这个女人的投欢送抱，居然被男人活生生一手回绝，实在是有伤自尊。

最性感迷人的另类女性：祝融夫人

大抵在封建礼教下，衡量女性的标准应该是温婉贤淑，即所谓的“无才就是德”。在外抛头露面是不被允许的，上阵厮杀那当然更是不行，可祝融夫人的出现，在三国时代里绝对算是另类。

祝融夫人，南蛮大王孟获之妻，传说为火神祝融氏之后裔。此女性情如火，泼辣畅快，身材热辣，大胆奔放，深得南蛮大王喜爱。更何况，此女武艺超群，飞刀技术了得，时不时还在战场上露上一手。就连蜀国名将张嶷、马忠也是其手下败将。

不知，当初诸葛丞相七擒孟获，是不是就是为了要多看这个性感妖娆的丛林俏佳丽两眼。